KB273863

삶은 속도가 아니라 방향이다

Part 2. 변화의 시작

다음 발걸음을 옮기기 위해
절대로 아래를 내려다보지 마라.
저 멀리 지평선을 쳐다보는 사람만이 길을 발견할 수 있다.
– 다그 함마르셸드(전 유엔 사무총장)

삶은 속도가 아니라 방향이다

Part 2. 변화의 시작

● 김현태 지음

루이앤휴잇

오늘 변하지 않으면
내일 변화를 당해야 한다

현재, 나는 작가다.

그 전에는 카피라이터였다.

물론 지금도 카피라이터 일을 틈틈이 하고는 있지만 그래도 글을 쓰는 일에 훨씬 더 많은 시간을 투자하고 있다.

사실 카피라이터라는 직업을 내려놓고 작가라는 직함을 달기까지는 숱한 고민과 망설임이 필요했다. 대략 두 가지 이유 때문이었다.

첫째, 누구에게나 가장 절실한 '먹고 사는' 문제 때문이었다.

나는 혼자의 몸이 아니다. 아내와 자식이 있는 어엿한 한 집안의 가장이다. 따라서 내겐 가족을 먹여 살려야 할 책임이 있다.

알다시피, 대한민국에서 글만 써서 먹고 산다는 건 참 힘든 일이다. 물론 그런 걱정을 하지 않아도 되는 잘 나가는 작가들도 더러 있긴 하지만 거의 대부분의 작가들은 글만 써서는 입에 풀칠하기도 힘든 게 주지의 사실이다.

계간지 《소설가》에서 인세 수입에 관한 설문조사를 한 적이 있다. 여기에 102명의 소설가가 참여했는데, 그 중 4명만이 연간 500만 원 이상의 인세 수입이 있다고 말했다. 놀라지 마라. 한 달에 500만 원이 아니라 일 년에 500만 원이다. 이를 월급으로 계산하면 40만 원이 조금 넘는다.

더 놀라운 사실은 아예 한 푼도 벌지 못했다는 사람도 54명이나 된다는 것이다. 이것이 바로 현실이다. 때문에 처음엔 작가로 살아간다는 게 여간 두렵지 않았다. 과연 글만 써서 처자식을 먹여 살릴 수 있을지, 제대로 된 결정을 한 것인지, 내 자신에게 끊임없이 묻고 또 물었다. 돌아온 대답은 '그래, 한 번 해보자'였다. 내가 진심으로 원하는 길이었기 때문이다.

그렇게 해서 나는 지금 작가의 길을 가고 있다.

작가의 길을 망설였던 두 번째 이유는 '안정적인 직업에 대한 미련' 때문이었다.

나는 소위 대한민국에서 가장 잘 나가는 광고회사에서 카피라이터로 일했다. 감각적이고 감동적인 카피로 윗사람과 광고주에게 나름 인정을 받았고, 광고를 본 소비자들로부터도 뜨거운 호응을 얻었다. 카피라이터로서 나는 승승장구했고, 미래 역시 어느 정도 보장받고 있었다. 그런데 그런 직업을 하루아침에 버린 것이다. 바보 같은 짓일지도 모른다는 생각이 들었다.

그러나 나는 안정 대신 모험을 택하기로 했다. 그 이유는 간단하다. 정말로 작가가 되고 싶었기 때문이다. 나아가 지금의 나로부터 변하고 싶었다.

미치도록 또 다른 나로 변하고 싶었다.

내 삶은 '의외로' 변화의 연속이었다. 그렇다. 의.외.로.이다. 나는 소심하고 내성적이다. 누구나 그런 면을 어느 정도 갖고 있다고 할 수 있을지도 모른다. 하지만 나는 그 정도가 너무 심했다. 소위 '5인 울렁증'을 어릴 때부터 앓았기 때문이다. 5인 울렁증은 내가 지은 병명으로, 다섯 사람 이상 모인 자리에 서게 되면 떨림 증세가 나타나는 걸 말한다. 이로 인해 나는 중·고등학교 시절 국어시간에 책 한 번 제대로 읽지 못했다. 사시나무 떨듯 떨기 일쑤였고, 입 안 가득 고인 침을 연신 삼키느라 정신이 없었기 때문이다.

나는 그런 내 자신이 몹시 싫었다.

어디서 그런 용기가 났는지 모르지만 대학 입학 후 나는 연극을 시작했다. 무대 위에서 배우로도 활동했으며, 배우들을 지휘하는 연출가로도 활약했다. 그러나 그런 노력에도 불구하고 타고난 성격만큼은 고칠 수 없었다. 여전히 떨림증이 계속되었기 때문이다. 그런 나머지 친구들은 쉽게 하는 취업도, 연애도 장담할 수 없었다. 하지만 나는 포기하지 않고 다른 방법을 강구했다.

타고난 성격을 고칠 수 없다면 성격을 멋지게 포장하기로 결심한 것이다. 이에 연극 외에도 또 다른 그럴싸한 새 포장지가 필요했다.

그래서 문학에 관심을 갖게 되었고, 남자임에도 불구하고 주부 문학 강좌 같은 곳에 참여해 열심히 공부했다. 그리고 또 새 포장지가 필요해 카피라이터가 되었고, 작가가 되었다.

그렇게 새로운 포장지를 찾아가는 과정 속에서 나는 계속 성장할 수 있었다.

그렇다. 변화를 일으킨 원인이 무엇이든지 간에 변화라는 것은 분명 그 사람을 성장시키고 발전시킨다. 물론 어느 정도 고통이 따른다. 그렇다고 두려워할 필요까진 없다. 고통의 끝에는 분명 새로운 기회가 기다리고 있기 때문이다.

어차피, 지금 우리는 변화에서 자유로울 수 없다. 아무리 변화를 피해가려고 해도 이미 변화의 소용돌이에 서 있기 때문이다. 그만큼 세상살이는 만만치 않다.

오늘 변하지 않으면 내일 변화를 당할 수밖에 없는 게 현실이다.

"강한 종이 살아남는 것이 아니라 적응력 높은 종이 살아남는다."

진화론의 창시자 찰스 다윈의 말이다. 이처럼 발전하기 위해선, 성공하기 위해선 변화에 능한 사람이 되어야 한다. 변하는 시늉만하면 곤란하다. 애벌레가 나비가 되듯 완벽하게 탈바꿈해야 한다.

하지만 그에 앞서 꼭 해야 할 일이 하나 있다. 자신이 무엇을 해야 할지 정해야 한다는 것이다. 즉, 목표가 있어야 한다.

목표 없는 변화는 진정한 변화가 아니다. 그것은 일시적인 삶의 회피이자, 순간순간의 미봉책이라고 할 수 있다.

삶의 방향이 분명하면 온 삶이 분명해지게 된다. 하지만 삶의 방향이 분명하지 않으면 모든 삶이 불안해지고 문제투성이가 되고 만다.

속도라는 허망에서 벗어나야 한다. 조금 늦어도 괜찮다. 방향만 정해져 있다면 시간은 아무런 문제가 되지 않기 때문이다.

사실 이 책의 타이틀을 정하기까지는 많은 고민이 있었다. 변화라는 주제에 맞춰 글을 썼지만 삶의 방향이라는 주제 역시 간과할 수 없었기 때문이다. 삶의 방향을 떠난 변화는 아무런 의미가 없듯, 변화하지 않는 삶 역시 구태의연할 뿐이다.

그렇게 해서 이 책은《삶은 속도가 아니라 방향이다 : Part2 변화의 시작》이라는 타이틀을 달고 이 세상에 나오게 되었다.

부족하나마 이 책이 삶에 지친 이들에게 새로운 모습으로 변화를 꾀할 수 있는 계기가 되고, 인생을 생산적으로 설계하고 다시 도약하는데 도움이 되었으면 한다.

천천히, 그러나 멈추지 말고 끝까지 가라. 그리고 그 끝에서 땀, 열정, 노력과 바꾼 삶의 진실과 마주했으면 한다.

삶은 속도가 아니라 방향이다.

나는 멈출 수 없습니다.
변화의 시작에 늘 내가 있었고,
그 끝에도
또 다른 변화를 준비하는
내가 있을 것입니다.
늘 그렇게 해왔고,
앞으로도 그렇게 할 것입니다.
– 김현태

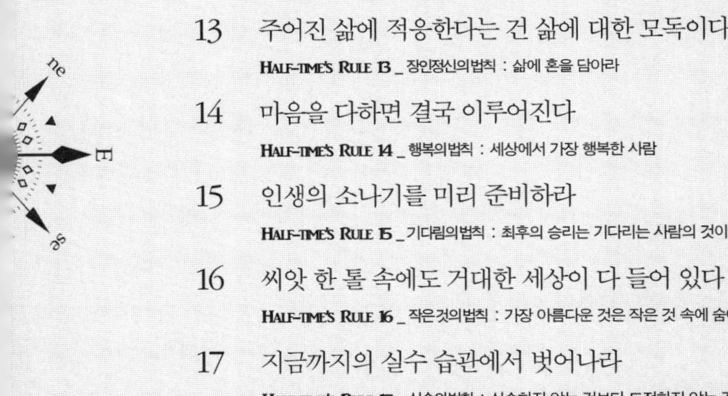

삶의 방향이 분명하면 온 삶이 분명해지게 된다.

그러나 삶의 방향이 분명하지 않으면

모든 삶이 불안해지고 문제투성이가 되고 만다.

속도라는 허망에서 벗어나야 한다.

조금 늦어도 괜찮다.

방향만 정해져 있다면 시간은 아무런 문제가 되지 않기 때문이다.

천천히, 그러나 멈추지 말고 끝까지 가라.

그리고 그 끝에서 땀, 열정, 노력과 바꾼 삶의 진실과 마주하라.

삶은 속도가 아니라 방향이다.

진정으로 당신의 삶을 바꾸고 싶다면
당신을 에워싼 것부터 바꿔라.
– 앤드류 매튜스

건드려서
활짝 피어나게 하라

나는 지금까지 살면서 총 다섯 번의 탄생을 경험했다.

첫 번째는 누구나 그러듯이 엄마의 뱃속에서 나와 처음 세상을 맞이한 것이다. 확실히 기억나진 않지만 분명 어머니는 '으~앙'하고 첫 울음을 우는 나를 바라보며 마음의 언어로 이렇게 속삭였을 것이다.

'아가, 울면서 태어났으니 앞으로는 평생 웃으면서 살아가렴.'

하지만 그런 어머니의 바람과는 달리, 나는 지금까지 살면서 그리 많이 웃지 못했다. 그 이유를 살피자면 선천적으로 그다지 웃음이 많지 않은 탓도 있다. 하지만 가장 큰 이유는 뭐니 뭐니 해도 세상살이가 그리 만만치 않았기 때문이다.

하지만 어찌 그것이 나뿐이겠는가. 죽는 날까지 마음 편히 웃으며 살다간 사람은 아마 거의 없을 것이다. 늘 무거운 짐 하나쯤은 짊어지고 살아가기 때문이다.

여하튼 나는 어머니의 몸으로부터 분리됨으로써 첫 번째 탄생을 경험했다.

두 번째 탄생은 '연극'과의 만남이다.

대학시절 나는 연극 동아리에서 활동했다. 청소년 시기에 남모르는 고민 때문에 꽤 우울했던 나는 끔찍하리만큼 지독한 떨림증을 앓았다. 남들 앞에서 뭔가를 해야 하는 상황과 마주치면 사시나무 떨듯 했고, 심하게는 호흡 곤란 증세까지 겪어야 했다. 때문에 학창시절 국어시간에 제대로 책을 읽어본 적이 없다. 몇 줄 읽다가 참다못한 선생님의 "야, 앉아!"라는 짜증 섞인 말투에 고개를 숙인 채 앉아야만 했던 아픈 기억이 너무나 많다. 그래서 그걸 고치고 싶은 마음에 대학에 입학하자마자 연극 동아리의 문을 두드렸다. 어떻게 그런 용기가 났는지 지금 생각해도 내 자신이 참 대단하게 느껴진다.

연극반에서 나는 나름대로 눈부신 활약을 선보였다. 처음에는 선배들에게 많이 맞기도 하고 심부름만 다니는 신세를 면치 못했지만 나중에는 무대 위에서 주인공뿐만 아니라 여러 배역을 거뜬히 소화해냈다. 그럴 때면 인생 최고의 성취감을 느끼곤 했다. 그렇다고 떨림 증상이 완치된 것은 아니었다. 조금 완화되었을 뿐 결국 타고난 성격은 고칠 수 없었다. 중년을 바라보는 나이임에도 여전히 그 병을 앓고 있으니 말이다. 아마도 불치병(?)이 아닌가 싶다.

세 번째 탄생은 '책'과의 만남이다.

어린 시절, 아버지는 동네에서 자그마한 헌책방을 운영하셨다. 그러다 보니 자연스럽게 책을 접할 수 있었다. 그렇다고 책을 아주 좋아하는 지독한 책벌레는 아니었다. 집에 딱히 놀만한 장난감이 없었기에 책을 장난감 삼아 놀았을 뿐이다. 던지기도 하고, 베개 삼아 잠을 청하기도 하고, 그러다가 심심하면 읽기도 했다. 그렇게 해서 책과 친구가 되었다. 지금 생각하면 아버지께 참으로 감사할 일이다. 아버지가 서점을 하셨기에 그나마 책과 친해질 수 있었으니까.

네 번째 탄생은 '카피라이터'라는 직업을 갖게 되었을 때이다.

30대 시절, 나는 광고회사에서 카피라이터로 일했다. 그것도 누구나 다니고 싶어 하는 국내 최고의 광고회사에서.

카피라이터라는 직업을 통해 나는 세상 물정을 어느 정도 알 수 있게 되었다. 나아가 사람이건, 물건이건 포장을 잘 해야만 잘 팔린다는 불변의 진리도 깨닫게 되었다. 그러나 가장 큰 수확은 뭐니뭐니 해도 세상을 바라보는 독특한 시각과 냉철한 분석력을 배울 수 있었다는 것이다. 어수룩하고, 어리바리하며, 지극히 감성적인 내게, 카피라이터라는 직업은 나를 좀 더 견고하고, 단단하며, 이성적인 사람으로 만들었다. 생각건대, 카피라이터를 하면서 벌었던 수입보다 그 깨달음이 훨씬 더 큰 소득이 아닐까 싶다.

다섯 번째 탄생은 '작가'가 된 것이다.

나는 '말빨'이 매우 약하다. 살면서 그것 때문에 속상했던 적이 한두 번이 아니다. 분한 마음에 몇 번씩 고쳐보려고도 했지만 여전히 현재진행형이다. 하고자 하는 마음 속 이야기를 제대로 표현하지 못해 손해 보기 일쑤였고, 논쟁을 벌일 때도 상대보다 먼저 백기를 들곤 했다. 이에 언제인가부터 논쟁 자체를 아예 피하게 되었다.

다행스러운 건 신이 내게 말 잘 하는 능력 대신 글을 쓸 수 있는 재능을 줬다는 것이다. 그래서 카피라이터의 길을 포기하고 작가의 길에 들어설 수 있었다.

사실 작가라는 직업은 카피라이터라는 직업보다 여러 면에서 불안정했다. 하지만 그 선택을 결코 후회하진 않는다. 내가 정말 하고 싶었던 일이었기 때문이다.

내겐 하나의 꿈이자 바람이 있다. 후회 없는 인생을 사는 것이 바로 그것이다. 이에 어느 순간부터 인생에 후회를 남기지 않기 위해 마음 속에 담아두었던 버킷리스트들을 하나씩 실행에 옮기고 있다. 비록 세상 사람들이 생각하는 성공의 길에선 다소 벗어나 있긴 하지만, 지금 나는 행복하다. 내가 정말 하고 싶은 일을 열심히, 최선을 다해서 하고 있기 때문이다.

변화, 간절함과 절박함의 또다른 이름

잭 웰치라는 이름을 한 번쯤 들어본 적이 있을 것이다. 그는 제너럴일렉트릭(GE)의 최연소 최고경영자가 되어 GE를 세계 최고 기업으로 성장시켰고, '경영의 달인', '세기의 경영인' 등 수많은 별칭으로 불리며 1,700여 건의 기업을 인수, 합병시킨 미국의 대표적인 기업인이다.

하지만 그의 어린 시절은 우리의 상상과 다르다.

소년 잭 웰치는 말을 심하게 더듬었다. 또래 친구들이 함께 노래를 부르고 조잘조잘 이야기를 나눌 때 그는 늘 한구석에서 홀로 지냈다. 때문에 친구들에게 놀림을 당하기 일쑤였다. 엄마는 그런 아들이 매우 안타까웠다.

"잭, 넌 왜 너의 장점 때문에 부끄러워하니?"

엄마의 갑작스런 말에 잭은 고개를 갸우뚱거렸다.

'어, 내게도 장점이 있었나. 난 말을 더듬는 아이일 뿐인데…. 내게 무슨 장점이 있지.'

그의 엄마는 이어서 말했다.

"잭, 엄마 말을 잘 들어보렴. 네가 말을 할 때 더듬는 이유는 너의 말보다 생각의 속도가 빠르기 때문이야. 그만큼 넌 남보다 앞선 생각을 하고 있는 거야. 그러니 말 더듬는 것 때문에 기죽지 마렴, 알았지? 넌 남보다 뛰어난 아이란다."

이 말 한마디에 잭은 자신의 치명적인 단점을 최고의 장점으로 바꿀 수 있었다. 그리고 그 변화는 결국 그를 세계 최고의 경영자로 만들었다.

변한다는 것, 즉 새로운 모습으로 다시 태어난다는 것은 그리 쉬운 일이 아니다. 매일 남보다 더 많은 땀을 흘려야 하며, 간절함과 절박함이 몸서리치도록 흘러 넘쳐야 하기 때문이다. 따라서 변하지 않으면 죽는다는 각오와 지금이 아니면 영영 뒤쳐질 수 있다는 절박함으로 늘 새로운 변화를 시도해야 한다. 그래야만 내가 원하는 나로 다시 태어날 수 있다.

최근 내가 살고 있는 동네 슈퍼마켓 주인의 모습에서도 변화를 위한 재탄생의 몸부림을 읽을 수 있었다.

얼마전까지 눈이 마주쳐도 그냥 멀뚱멀뚱 쳐다보며 지나치기 일 쑤였던 아저씨가 요즘은 먼저 아는체하며 "안녕하세요. 좋은 아침입니다"라며 다정하게 인사를 건넨다. 인사성이 부쩍 밝아진 것이다. 내게만 그러는 것이 아니다. 동네 사람들 모두에게 친절하게 인사를 건넨다. 난 아저씨의 갑작스런 변화를 이끈 이유가 몹시 궁금했다.

얼마 후 그 해답을 찾을 수 있었다. 아저씨가 변하게 된 이유는 자신의 사업체인 슈퍼마켓을 지키기 위한 나름의 전략이었다. 대기업이 운영하는 대형마트로 인해 동네 슈퍼마켓은 손님의 발길이 점점 줄어드는 추세였다. 그러다 보니 문을 닫는 슈퍼마켓이 점점 늘어나고 있었다. 이에 아저씨는 어떻게든 슈퍼마켓을 지키고 싶었던 것이다. 그렇다고 대형마트를 상대로 가격 경쟁을 할 수도 없고, 나름대로 궁리를 한 끝에 내세운 전략이 바로 '친절과 인정(人情)'이었다. 사람들과 한 번이라도 더 눈을 맞추고 친절하게 대해서 그들의 발길을 붙들고 싶었던 것이다. 물론 언제까지 그 방법이 통할지는 모르겠지만 지금까지는 그럭저럭 운영이 잘 되고 있는 것 같다.

이처럼 작은 슈퍼마켓을 운영하는데도 나름대로의 전략이 필요하다. 경쟁상대가 없다면야 늘 하던 방식으로 하면 되겠지만 어디 요즘 세상에 만만한 게 하나라도 있던가. 하루만 자고 나면 경쟁상대가 어느새 등 뒤까지 쫓아와 내 밥그릇을 위협하는 시대이다. 한 마디로 피 튀기는 경쟁시대이다. 때문에 남들이 생각하지 못한 나만의 새로운 전략을 도입하지 않으면 수십 년을 쌓아온 탑도 하루아침에 무너질 수도 있다.

발전된 나를 만나려면 지금의 나를 버려라

프랑스 철학자 루소는 일찍이 "인간은 두 번 태어난다"고 말했다. 그러나 두 번으로는 뭔가 부족한 느낌이다. 지금은 그 이상의 재탄생이 필요한 시대이기 때문이다.

한 인간으로의 탄생과 자아 형성을 위한 탄생 외에도 발전하고, 성공하고, 목표를 달성하기 위한 전략적 탄생이 필요하다. 특히 발전된 나, 성공한 나를 만나고 싶다면 지금의 나를 버려야 한다. 즉, 지금의 나를 파괴해야 한다. 한 번 태어난 것에 머물지 않고 매일매일 새롭게 태어나야 하는 것이다.

새로운 변화를 위한 탄생에는 항상 고통이 따르기 마련이다. 하지만 그것 때문에 머뭇거리거나 안주해선 안 된다. 새로운 변화가 두려워 변화하지 못하고 삶에 굴복하게 되면 변화의 소용돌이에 휩싸인 나머지 자기 자신은 물론 남아 있는 미래를 모두 잃어버릴 수도 있기 때문이다.

솔개의 수명은 보통 70살까지라고 한다. 그런데 40살 정도에 이르면 선택의 기로에 서게 된다. 부리는 가슴 쪽으로 구부러지고 발톱 역시 안으로 굽어진 채 굳어버려 눈앞에 보이는 먹이조차 잡을 수 없게 된다. 깃털 역시 처음보다 훨씬 두꺼워져 날아다니는데 큰 짐이 되고 만다. 한 마디로 40살이 되면 골방 늙은이 신세가 되고 마는 것이다. 하지만 스스로 변하겠다는 독한 마음을 먹고 그 변화를 이끌어내면 새로운 인생을 살 수 있다. 다시 말해 혁신의 과정을 통해 더 발전된 미래를 만날 수 있는 것이다.

이를 위해 솔개는 바위에 부리가 없어질 때까지 부딪치고 부딪친다. 부리가 없어지면 새로운 부리가 자라기 때문이다. 그리고 새 부리가 자라면 그것으로 자신의 낡고 쓸모없는 발톱을 하나하나 뽑아낸다. 그러면 그 자리에 새로운 발톱이 자라난다.

그것이 다가 아니다. 거추장스러운 깃털 역시 아픔을 참으면서 하나하나 뽑아낸다. 그리고 몇 개월이 지나면 가볍고 화려한 깃털이 새록새록 돋아나 다시 하늘을 훨훨 날아다니며 새로운 인생을 살게 된다.

지금 이 순간과 맞서 싸워라

20세기 최고의 영적 스승이라 불리는 오쇼 라즈니쉬는 그의 저서 《The Book》에서 매순간 새로 태어나야 함을 강조했다.

"현재는 그대의 삶 속에서 가장 미지의 현상이다. 하지만 이 점만은 꼭 명심하라. 그대가 순간을 살았다면 곧바로 그것은 과거라는 사실을. 그 순간, 그것을 버려라. 과거가 아무리 아름다울지라도 그 과거에 집착하지 마라. 과거는 흘러가고 더 이상 존재하지 않는다."

그는 과거보다는 현재, 즉 지금 이 순간의 변화를 강조했다. 그렇다고 해서 과거를 무작정 잊고 지우라는 말은 아니다. 현재를 살아가는데, 미래를 향하는데 있어 과거의 기억이나 성취가 도움이 된다

면야 함께 가는 것이 좋지만 과거가 걸림돌이 된다면 과감히 마음속
에서 도려내라는 것이다. 과거로부터 자유로워야 현재에 충실할 수
있고 그 안에서 새로운 변화를 꾀할 수 있기 때문이다.

《느리게 산다는 것의 의미》의 저자 피에르 쌍소 역시 지금 이 순
간의 가치를 중요하게 생각했다.

> "그 어떤 사건들보다 가장 나를 흥분케 하는 것은 '하루'의 탄생
> 이다. 하루의 탄생을 지켜볼 때 마다 나는 충만감을 느낀다. 왜냐하
> 면 하루는 24시간 매순간 깨어나서 자신의 모습을 드러내기 때문이
> 다. 그래서 내 눈에는 하루의 탄생이 어린 아이의 탄생보다 더 감동
> 적으로 다가온다. 내일은 또 다른 하루가 태어날 것이다. 그러므로
> 나는 내일 다시 한 번 미래를 내다보는 사람이 될 것이다."

이렇듯 매일매일 새로운 모습으로 탄생한다는 것은 남들과 다를 뿐
만 아니라 앞으로 나아가기 위해서도 꼭 필요한 것임을 알아야 한다.

무엇이 되었건, 지금 당장 시작하라

삶은 누구에게나 성공과 행복이라는 열매를 주지 않는다. 내 안의
변화를 먼저 이끌어내는 자, 끊임없이 어제의 나를 탈피하고 새로운
외피를 두르는 자에게만 그것을 준다.
이에 대해 빌게이츠는 이렇게 말한 바 있다.

"현재의 제품에 만족해선 안 된다. 끊임없이 스스로 업그레이드해야 한다. 이는 시장에서 2~3년 내에 구식 제품이 될 것이기 때문이다. 그것이 자신들에 의해서 혹은 다른 기업의 누군가에 의해서 그렇게 될 것이냐의 문제일 뿐이다."

굳이 빌 게이츠의 말을 빌리지 않더라도 이미 우리는 알고 있다. 새로워지거나 변화하지 않으면 곧 도태된다는 사실을.

주의 깊게 주위를 한 번 살펴보라. 그 변화가 확연하게 드러나진 않지만 분명 무엇인가는 끊임없이 변하고 있다.

변화의 파도에 휩쓸려 희생당하기보다는 파도 위에서 윈드서핑을 즐길 줄 아는 사람이 되어야 한다. 그러자면 먼저 변화를 읽고 새로운 옷을 입어야 한다. 변화에는 결코 긴 시간이 필요하지 않다.

새로운 인생은
방향을 제대로 찾을 때 비로소 시작된다

사하라 사막 서쪽에 작은 마을 하나가 있다. 매년 수많은 사람들이 이곳을 방문한다. 하지만 레빈이라는 사람이 이곳을 방문하기 전까지만 해도 이곳은 오지에 지나지 않았다. 그래서인지 마을 사람들 역시 단 한 번도 사막을 벗어난 적이 없다고 한다. 간혹 삭막하고 권태로운 사막을 떠나려고 시도한 사람들이 있긴 했지만 누구도 성공하지 못했다. 레빈은 그 사실을 전해 들은 레빈은 그 이유가 궁금했다. 이에 마을 사람들에게 마을을 떠나지 못하는 이유에 대해서 물었다.

"왜 마을을 떠나지 못하는 것입니까?"

"어디로 가든 결국 출발한 곳으로 다시 돌아오고 말기 때문입니다."

이에 레빈은 직접 북쪽을 향해 걸었고, 3일 만에 사막을 무사히 빠져나올 수 있었다. 그런데 마을 사람들은 왜 빠져나오지 못했던 것일까?

의아해진 레빈은 마을 청년 한 명을 데리고 그가 가자는 대로 따라가 보았다. 청년과 레빈은 쉬지 않고 걸었다. 하지만 십여 일 후 다시 마을로 돌아오고 말았다. 그제야 레빈은 마을 사람들이 사막을 벗어나지 못하는 이유를 알게 되었다. 마을 사람, 그 누구도 북극성을 몰랐던 것이다.

이에 레빈은 함께 사막을 걸었던 청년에게 북극성을 따라 걸으면 사막을 벗어날 수 있다고 가르쳐주었고, 청년은 사흘 만에 사막을 벗어날 수 있었다. 훗날 청년은 사막의 개척자가 되었고, 그 마을에는 그의 동상이 세워졌다. 동상에는 다음과 같은 글귀가 새겨져 있다고 한다.

"새로운 인생은 방향을 제대로 찾을 때 비로소 시작된다!"

이는 영국 옥스퍼드대 행동심리학 박사인 멍화린의 《10일 안에 변신하기》라는 책에 나오는 이야기로, 우리의 삶은 우리가 생각한대로 흘러가게 된다는 것을 말해준다.

성공은 어느 날 길에서 운좋게 주울 수 있는 것이 아니다. 자신을 극복한 사람만이 얻을 수 있는 땀과 노력의 대가라고 할 수 있다. 그런 점에서 성공하는 사람들의 휴지통 맨 밑에는 열등감이 있다고 한다. 그들에게 있어 열등감은 가장 먼저 버려야 할 잡동사니에 지나지 않았던 것이다. 게으름, 목표 상실, 불평불만, 무관심, 허영심, 이기주의, 완벽 추구 역시 마찬가지이다. 이런 것들은 우리의 삶에 결코 큰 도움이 되지 않는다. 그런 의미에서 지금까지의 삶이 만족스럽지 않다면 다시 태어나라. 아직 늦지 않았다. 우리의 삶은 우리가 생각한대로 흘러가게 된다는 사실을 명심하라.

대부분의 남자들은 25세의 나이에
목 윗부분이 죽어 버린다.
왜냐하면 꿈꾸기를 멈추어 버리기 때문이다.
– 벤자민 프랭클린

내 안에 잠든
슈퍼맨을 깨워라

꽤 오랫동안 편지를 주고받았던 여자가 있었다. 나는 내 글솜씨 정도면 그 여자의 마음을 쉽게 사로잡을 수 있을 것이라고 자신했다. 그런데 의외로 내가 먼저 마음을 빼앗기고 말았다.

그녀에겐 재능이 하나 있었다. 바로 그림을 예쁘게 잘 그린다는 것이다. 그렇다고 그림 솜씨가 대단한 건 아니었다. 그냥 장난 비슷하게 그려 놓은 건데 왠지 모르게 마음이 끌렸다.

그녀는 늘 편지지 한쪽 구석에 그림을 그려서 보냈다. 이에 언제부터인가 편지의 내용보다는 한쪽 구석에 그려진 그림에 먼저 눈이 갔다. 그렇게 해서 나도 모르는 사이에 마음이 서서히 그녀에게로 향했다.

편지로 이어진 우리의 인연은 결국 만남으로 이어졌다. 어느 날, 나는 그녀에게 한 가지 제안을 했다.

"내가 글을 쓸 테니, 너는 그림을 그려봐."

갑작스런 말에 다소 언짢을 수도 있었을 텐데, 그녀는 흔쾌히 고개를 끄덕였다. 이에 우리는 곧 작업에 들어갔고, 몇 달 후 우리의 이름을 단 책이 출간되었다. 많은 사람들이 책을 사주고 축하해주길 바랐지만 그건 우리의 욕심이었다. 그럼에도 그녀는 내게 고맙다고 했다. 그 동안 잊고 있었던 그림에 대한 열정을 다시 느낄 수 있었다고 했다. 아울러 자신도 까마득히 잊고 있었던 재능을 발견해주고 빛을 보게 해줘서 더욱 고맙다고 했다.

스스로 믿고 전진하는 사람만이 성공의 길을 갈 수 있다

《시크릿》이란 책이 있다. 8개월 만에 무려 100만 부가 넘게 팔린 책이다. 그 정도면 단순한 인기를 넘어 광풍이라고 해도 과언이 아니다.

책의 내용을 한 마디로 요약하자면 '끌어당김의 힘'이라 할 수 있다. 긍정의 마음을 갖고 무엇인가를 끌어당기면 강력한 힘이 발휘되어 자신이 원하는 것을 이룰 수 있다는 것이다. 반대로 부정의 마음을 가지면 모든 것이 개선되지 않고 악화가 된다고 한다.

너무도 당연한 말이다. 하지만 이미 다 알고 있는 얘기임에도 불구하고, 사람들은 모두 그 책에 열광했다. 그 이유는 과연 뭘까.

지금보다 더 나은 삶을 살기를 바라는 간절한 바람 때문은 아닐까.

누구나 지금보다 더 멋진 삶을 살기를 바라고 꿈꾼다. 또한 그 가능성, 즉 재능을 가지고 있다. 때문에 스스로의 재능과 능력을 믿고 그것을 마음에서 꺼내서 부단히 노력해야 한다. 그러면 누구나 기적을 경험할 수 있다.

어쩌면 기적은 '잠재능력'의 또 다른 말인지도 모른다. 스포츠 경기에서 도저히 깨질 것 같지 않던 기록을 한 선수가 깨면 해설자들은 극도로 흥분하며 인간의 한계를 극복한 기적이라고 말한다. 그러나 그건 엄연히 신이 이룩한 기적이 아니다. 인간의 잠재능력이 발휘되는 순간일 뿐. 따라서 지금보다 더 놀라운 기록은 앞으로도 계속될 것이다. 이유는 인간이 지닌 잠재능력은 무한하기 때문이다.

실제로 1954년, 인간의 잠재능력의 가능성을 보여준 사건이 있었다. 로저 배니스터가 1마일(약 1.6Km)을 3분 59초 4에 주파한 것이다. 도저히 불가능 하리라고 생각했던 마의 4분의 벽을 최초로 깨뜨린 것이다. 그 후 다른 선수들 역시 연달아 그 기록을 깼다. 누구에게나 있는 잠재능력을 로저 배니스터가 먼저 끄집어냈고, 이에 자극을 받은 다른 선수들 역시 불가능을 가능으로 바꾼 것이다.

잠재능력이란 아직 발견되지 않은 채 곤히 잠들어 있는 능력을 말한다. 누구나 놀랄 만한 일을 해낼 능력을 타고 난다. 그러니 누군가가 그 능력을 건드려 주거나 아니면 스스로 발견하고 발전시킨다면 이 세상에서 불가능이란 단어는 사라질 것이다.

그저 달을 그리워만 했던 시절에 어느 누가 감히 달을 정복하고 발밑에 놓을 생각을 했겠는가? 그러나 이제 그런 일은 마음만 먹으면 누구나 할 수 있을 정도로, 아무것도 아닌 일이 되어 버렸다. 비행기를 만들어냈고, 거기에서 멈추지 않고 우주선까지 만들어냈다. 말 그대로 상상이 현실이 된 것이다. 상상을 현실로 바꾸고 불가능을 가능으로 바꾸는 마법 같은 힘의 원천은 바로 인간의 잠재능력에 있다.

우리는 태어날 때부터 모든 가능성을 갖고 태어난다. 그러나 살면서 그것을 스스로 작게 만들어 버리고 외면한다.

스스로 믿고 전진하는 사람만이 성공의 길을 걸을 수 있다. 마찬가지로 스포츠나 삶의 승자가 따로 있는 것이 아니다. 자기 안에 웅크리고 있는 잠재능력을 누가 더 빨리 가슴 밖으로 꺼내느냐에 그 성패가 달려 있을 뿐이다.

왜 자신의 능력을 잠만 재우려고 하는가?

잠재능력은 안정적이고 안주하는 일상에서는 발견되기 어렵다. 그것은 자신에게 처한 상황이 좋지 않을 때, 꿈이 너무나 간절하고 하고자 하는 의지가 강렬할 때만 발견되고 발휘된다. 이런 일이 있었다.

어느 날, 한 엄마와 아이가 함께 동물원에 갔다. 그러나 사자 우리 앞에 서서 구경을 하던 중 갑자기 아이가 우리 안으로 떨어지고 말았다.

"여보세요, 누구 없어요? 제발 우리 아이 좀 구해주세요."

엄마는 발을 동동 구르며 울부짖었다. 주위 사람들도 다들 경악을 금치 못했다. 그러나 그 누구도 쉽게 나서지 않았다.

사자는 침을 흘리며 어슬렁어슬렁 아이 쪽으로 다가왔다. 어떤 일이 일어날지 뻔한 상황이었다. 하지만 잠시 후 그 예상은 빗나가고 말았다. 아이의 엄마가 아이를 구하기 위해 굵은 쇠창살을 휘기 시작했기 때문이다. 도저히 있을 수 없는 일이었다. 그녀는 굵은 쇠창살을 마치 엿가락처럼 휜 후 사자 우리 안으로 들어가 아이를 구해냈다.

이 얼마나 놀라운 일인가. 그 연약한 팔로 어떻게 쇠창살을 엿가락 다루듯 휠 수 있단 말인가. 어머니의 모성 본능이 내재되어 있던 힘을 꺼냈다고 할 수밖에.

이처럼 절실하고 간절한 사람만이 자신의 능력을 배가 시킬 수 있다. 하지만 대부분의 사람들은 안정적이고 한정된 삶에 만족하며 현실에 안주하길 원한다. 당연하다. 어느 누가 감히 변화의 회오리 속에 끼어들고 싶겠는가. 하지만 이 사실을 알아야 한다. 현실에 안주하고 만족하면 더 이상 발전이 없다는 사실을. 다시 말해 한정된 생각의 연못에서만 허우적거리며 평생을 살아야 한다는 사실을.

이제 그만 조그만 연못에서 빠져나와 더 넓고 푸른 바다를 향해 나아가야 한다.

왜 자신의 능력을 잠만 재우려고 하는가? 이제 잠자고 있는 내 안의 슈퍼맨을 깨워야 한다.

마음의 변화가 삶의 변화를 이끈다

하버드대 심리학자 알리아 크럼과 엘렌 랑거 박사는 아주 재미있는 실험을 하나 했다.

두 사람은 호텔에서 미화원으로 일하는 84명의 여성을 대상으로 ‘지금 운동을 하고 있냐?’고 물었다. 이에 66.6%는 ‘규칙적으로 운동을 하지 못하고 있다’고 했고, 그 중 36.8%는 ‘전혀 운동을 하지 못하고 있다’고 했다. 이에 연구진은 44명에게는 ‘당신이 하는 일이 매일 30분씩 운동하는 것과 맞먹는다’고 알려주고, 나머지 40명에게는 아무런 정보도 주지 않았다. 그리고 4주 후 두 집단을 비교했다. 그랬더니 자신이 하는 일이 운동이라고 인식하게 된 사람들은 평균 0.9kg의 체중이 빠지고 체지방이 줄었으며, 혈압도 10%나 떨어졌다. 그러나 아무런 정보를 받지 못한 사람들은 큰 변화가 없었다.

이 실험을 통해 우리는 마음의 변화가 생활의 변화까지 가져온다는 사실을 알 수 있다. 비슷한 사례는 또 있다.

미국에서 가장 인기 있는 인생 상담자인 쉐럴 리처드슨은 이렇게 말한 바 있다.

“자신을 가치 있게 여기면, 자신이 삶에서 더 많은 것을 받을 자격이 있음을 깨닫게 된다. 그렇게 함으로써 우리는 그보다 못하고 덜한 것에 안주하려는 상태에서 벗어나게 된다. 물론 여기에는 어느 정도 위험이 따른다. 그것은 주위 사람들과 다른 길을 선택했을 때 느껴지는 외톨이라는 느낌, 실망감, 상실의 두려움이다. 이런 두려움 때문에 많은 사람들이 더 높이 바라보지 못하고 주저앉아 버리곤 한다.”

즉, 마음으로부터 시작하는 다짐이나 의지가 내 안의 잠재능력을 깨우게 하고, 미래와 인생을 발전시키는 계기가 된다는 것이다.

그렇다고 해서 무턱대고 잠재능력을 다 꺼낼 필요는 없다. 그것을 다 꺼내다간 인생이 다 지나갈 수도 있기 때문이다. 자신에게 가장 적합한 것이 무엇인지를 아는 것이 중요하다. 그리고 그것을 집중해서 발전시켜야 한다. 그것이 시간과 에너지를 줄이고 더 발전할 수 있는 가장 합리적인 방법이다.

드러난 3%보다 감춰진 97%의 힘을 믿어라

'두뇌발전소'라 불린 아이슈타인 역시 생전 뇌의 10% 정도만 활용했다고 한다. 그가 존경받는 것은 뇌의 10%나 써서가 아니다. 뇌의 10%를 한 가지에 집중했기 때문이다.

대부분의 사람들은 자기 자신을 과소평가하고 있다. 지질학자들에 의하면, 신선한 물 3%만이 지구 표면에 강과 호수로 드러나 있고, 나머지 97%의 물은 지구 안쪽에 숨겨져 있다고 한다. 이를 바꿔 말하면 보이는 것보다 보이지 않는 것이 인간의 삶을 지탱하고 있다고 할 수 있다.

우리의 능력 역시 마찬가지다. 우리가 살면서 발휘하고 있는 능력은 겨우 3%의 현재능력에 불과하다. 나머지 97% 즉, 내면에 잠재된 능력은 끝내 빛을 보지 못하고 사라지고 만다.

살다보면 때로는 예기치 않는 일이 들이닥칠 때가 있다. 사업이 부도를 맞을 수도, 친구나 연인에게 배신을 당할 수도 있으며, 건강 악화로 실의에 빠질 수도 있다. 그럴 때면 앞이 깜깜하고 삶의 의욕을 잃게 될 것이다.

문제는 그것이 길어지면 안 된다는 것이다. 답을 찾아내야 한다. 하지만 답은 의외로 간단하다. 자신을 믿으면 되기 때문이다. 아직 발휘하지 않는 97%의 능력을, 가능성을, 희망을, 열정을, 강인함을, 성공을 믿으면 된다.

가슴 깊은 곳에서 깊은 잠을 자고 있는 능력은 더 이상 내 것이 아니다. 그것은 이미 죽은 것이며, 없는 것이다. 말 그대로 잠재력은 어디까지나 잠재력일 뿐이다.

그것을 사용하려면 그것을 철저히 내 것으로 만들고, 변화할 수 있게 만들어야 한다. 그러자며 부단히 노력하고, 그것을 개발해내는 일에 몰두해야 한다. 발 밑바닥에 고여 있는 97%의 물을 가슴까지 끌어올려야 하는 것이다. 그렇게 했을 때만이 그 능력의 괴력을 맛볼 수 있다.

'믿는 만큼 이루어진다'는 말이 있다. 칼로 도마를 자르겠다고 믿으면 당근은 물론 도마까지 자를 수 있다. 나아가 치타보다 더 빨리 달리겠다고 의지를 불태우면 치타를 따라 잡을 수도 있다.

잠재된 능력은 현실을 지배하고 그로 인해 현실의 발전을 가져다준다. 어차피 사용하지 않으면 사라지고 말 능력이다. 지금 당장, 내 안에 잠들어 있는 거인을 깨워라. 그 거인과 악수하는 순간, 훨씬 더 발전된 삶을 살 수 있을 것이다.

우리는 우리가 생각하는 것보다 훨씬 더 뛰어난 능력을 가지고 있다

많은 사람들이 '어디로 가겠다'는 구체적인 결정도 하지 않은 채 인생이라는 강물에 뛰어든다. 그러다 보니 더 큰 강으로 들어가는 분기점에 이르러서도 자신이 어디로 가기를 원하는지, 어느 방향으로 가야 좋은지 쉽게 결정하지 못한다. 그냥 흐르는 물을 따라 흘러갈 뿐이다. 그러다가 어느 순간에 이르면 물살이 갑자기 빨라지고 요동치는 협곡이나 낭떠러지를 만나게 된다. 나아가 바로 몇 미터 앞에 폭포가 있음을 발견하지만 배를 강변으로 저어갈 노조차 갖고 있지 않음을 알게 된다. 그제야 '아!' 하고 뒤늦은 후회를 하지만 아무 소용이 없다. 너무 늦었기 때문이다.

앤서니 라빈스의 《네 안에 잠든 거인을 깨워라》라는 책이 있다. 그는 이 책을 통해서 자기 혁신과 성공에 이르는 길을 제시

하고 있다. 사실 그 역시 '능력의 집중'이라는 원칙을 활용해 자신이 가진 모든 자원을 투입, 변신을 거듭한 끝에 엄청난 성공을 거둔 인물이기도 하다.

그는 자기 혁신을 창조하기 위해서는 먼저 자신의 인생 기준을 높이라고 말한다. 조직을 변화시키고 국가를 개혁하며, 나아가 세계를 변화시키는 것은 우리 자신을 바꾸는 간단한 일에서부터 시작된다는 것이다. 자신의 인생 기준을 높인 다음에는 그것을 해낼 수 있다는 강력한 믿음을 가져야 한다. 간디가 자신의 내적 자원에 다가가고, 사람들이 도저히 할 수 없는 도전을 이겨내게 한 힘은 바로 자신 안에서 일치된 믿음을 가지고 있었기 때문이다. 마지막으로 삶의 전략을 변화시킬 수 있을 때 우리는 지속적인 변화를 이룰 수 있다.

자신의 한계는 다른 누가 아닌 자신이 스스로 만든다는 말이 있다. 어떤 일이든, 꿈이든 스스로 한계를 긋지 않고 무한한 꿈을 펼칠 순 없을까. 강한 의지와 자신감, 실천이야말로 자신을 꽃피우는 최고의 지름길임을 결코 잊어선 안 된다.

보스턴 마라톤대회 여자부에서 우승한 선수와 인터뷰하는 장면이 텔레비전을 통해 전국에 방송되고 있었다. 아나운서가 우승을 차지한 선수를 향해 물었다.

"왜 마라톤 선수가 되었습니까? 마라톤이라는 경기가 당신을 즐겁게 해주었습니까?"

그러자 여자 선수는 이렇게 말했다.

"아닙니다. 즐겁기는커녕 마지막 골인 지점을 남겨놓고는 너무 고통스러워 포기하고 싶을 때가 한두 번이 아니었습니다."

이에 아나운서가 의아한 표정을 지으며 다시 물었다.

"그렇다면 당신은 왜 그렇게 고통스러운 마라톤을 계속 했습니까?"

그녀가 다시 답했다.

"그건 저 자신을 확인하기 위해서입니다. 불가능한 일에 도전하여 극한까지 가는 고통을 극복하기 전까지는 도대체 내가 누구인지, 어떤 잠재력과 능력을 지닌 사람인지 발견할 수 없었기 때문입니다."

－《좋은생각》중에서

나는 이미 충분히 가치 있는 존재이다.
나 스스로 나를 인정하기만 한다면.

– 생텍쥐페리

승리와 성공의 차이

사람의 가치를 알고 싶었던 한 청년이 현자를 찾았다.

"사람의 가치는 과연 얼마나 됩니까?"

청년의 물음에 현자는 서랍 속에서 보석 하나를 꺼내며 말했다.

"이 보석을 시장에 가지고 가서 그 값을 물어보게. 단, 팔지는 말고 값만 물어봐야 하네."

이에 청년은 보석을 갖지고 시장으로 가 그 값을 물어보았다.

먼저 과일가게에 들렸다. 주인은 오천 원쯤 된다고 했다. 그 다음 들린 채소가게 주인은 만 원이라고 했고, 철물가게 주인은 삼만 원이라고 했다.

제각각 값은 달랐지만 별 차이는 없었다. 모두 그 보석이 가짜라고 생각했기 때문이다.

청년은 마지막으로 보석가게에 들렸다.

“여보시오, 이 보석을 좀 봐주시오. 값이 얼마나 나갈 것 같소?”

청년이 보석상에서 보석을 내밀며 물었다. 잠시 후 보석을 감정하던 보석상은 깜짝 놀라며 말했다.

“이 보석은 참으로 귀해서 그 값을 말하기조차 어렵소. 당신이 요구하는 금액을 다 줄 테니, 내게 파시오.”

당연히 청년은 보석을 팔지 않았다. 그리고 현자에게 돌아와 그 동안의 일들을 이야기 했다.

현자가 말했다.

“맞소, 이 보석은 정말 귀한 것이오. 하지만 누구는 그것을 오천 원이나 만 원이라는 보잘 것 없는 가치로 보는 반면, 어떤 사람은 상상할 수 없는 가치를 부여하기도 하오. 이는 곧 아무리 훌륭한 가치를 지닌 물건이라도 그것을 보는 사람에 따라 얼마든지 가치가 달라질 수 있다는 말이오. 사람의 가치 역시 이와 다를 바 없소. 그 사람을 평가하는 사람에 따라 얼마든지 그 가치가 다를 수 있기 때문이오. 하지만 그 보다 더 중요한 사실이 있소. 그것은 바로 자기 자신을 열심히 갈고 다듬어 진짜 보석 같은 사람이 되는 것이오.”

이 이야기에서 보다시피, 사람의 가치는 돈으로 환산할 수 없다. 하지만 굳이 그것을 돈으로 환산하면 과연 얼마나 될까?

70kg의 체중을 가진 사람의 육체를 물질적으로만 분리하면 다음과 같다고 한다.

비누 7개가량의 지방 덩어리와 석회 12kg, 성냥 2,200개비 분량의 인, 2.5cm 못에 해당하는 철, 한 숟가락 분량의 유황, 30g 비철금속

등등. 이것을 돈으로 환산하면 대략 2만 원 정도의 가치가 있다고 한다. 사람의 값이 고작 2만 원에 지나지 않는다니. 이 얼마나 놀라운 사실인가.

사람의 가치는 이처럼 참으로 허접하기 그지없다. 그러나 물질적인 것을 떠나면 정반대의 현상이 일어난다.

사람은 세상에 존재하는 그 어떤 사물이나 생명체보다도 똑똑하고 위대한 존재이다. 영혼이 있기 때문이다. 그 영혼의 가치, 자신감의 가치는 그 어떤 보석보다도 더 가치 있고 빛난다.

우리는 모두 위대한 영혼을 가지고 있다. 하지만 자신의 가치를 잊고 사는 사람들이 많다. 즉, 평가절하 하는 것이다.

지금도 초등학교 소풍 때 보물찾기 놀이를 하는지 모르겠다. 내가 학교를 다닐 때만 해도 소풍을 가면 항상 보물찾기를 하곤 했다. 연필, 책, 노트 등의 상품 이름을 적어놓은 쪽지를 선생님들이 미리 숲 속에 숨겨놓은 후 아이들에게 그것을 찾으면 해당 상품을 주는 놀이였다.

호루라기 소리와 함께 보물찾기가 시작되면 아이들은 보물 쪽지를 찾기 위해 두 눈을 휘둥그레 뜨고 정신없이 찾아 헤맸다. 그리고 얼마 뒤 여기저기서 잔뜩 흥분된 목소리가 터지곤 했다.

"찾았다! 연필 한 타스."

"나도 찾았다. 나는 노트 3권!"

"에잇, 꽝이잖아!"

보물을 찾은 아이들은 그 날 기분이 최고였고, 설령 보물을 찾지 못했더라도 그리 기분 나쁘거나 상하진 않았다. 함께 어울려 재밌고 즐거운 시간을 보냈다는 데 만족했기 때문이다.

나는 매번 보물을 찾지 못했다. 그래서 입술이 삐죽 나와 있기 일쑤였는데, 한번은 선생님 한 분이 슬며시 다가와 이런 말을 해준 적이 있다.

"보물은 바로 너야. 살아가면서 진짜 너를 찾도록 하렴."

그때는 그 말이 무슨 뜻인지 이해할 수 없었다. 그러나 차츰 시간이 흐르면서 그 말의 의미를 알 수 있었다.

청소년 시절, 나는 내 자신을 참으로 미워했다. 늘 내 자신이 부족하다고 생각했기 때문이다.

우리 집에는 항상 일수 돈을 받으러 오는 아저씨들이 있었다. 하루하루 번 돈으로 빚을 갚은 것이다. 그러다 보니 장사가 되지 않은 날이면 아버지는 자리를 피하기 일쑤였고, 부끄럼을 잘 탔던 나는 괜히 주눅이 들고 소극적인 성격으로 변해갔다. 뭐가 그리 두려웠는지 나는 점점 작아졌고, 급기야 나 자신을 미워하며 사춘기를 보냈다.

돌이켜 생각해보면, 참으로 내 자신이 어리석고 못났다는 생각이 든다. 뭐가 그리 못났기에 스스로 내 가치를 깎아내렸는지 연민마저 느껴질 정도이다. 만일 그때 조금 더 내 자신을 믿고 사랑했더라면, 조금 더 내 자신을 위했더라면…. 나는 지금 어떻게 변했을까.

프랑스 작가 모파상의 《목걸이》라는 작품이 있다. 진짜와 가짜를 구분할 줄 모르는 어리석음에 대해서 이야기 하고 있는 그 작품은 우리에게 진정한 행복이 무엇인지에 대해서 말하고 있다. 그 줄거리를 소개하면 대략 다음과 같다.

마틸드라는 한 허영심 가득한 여인이 있었다. 그녀는 가난한 관리와 결혼했고, 당연히 생활이 넉넉하지 않았다. 어느 날, 마틸드와 남편은 무도회에 초청을 받는다. 하지만 두 사람 모두 마음이 썩 좋진 않았다. 무도회에 입고 갈 옷과 장신구가 마땅치 않았기 때문이다.

"여보, 무도회에 참석하려면 예쁜 드레스와 목걸이가 있어야 하는데 어떡하죠?"

"그러게 말이야. 하지만 너무 걱정하지마. 내가 어떻게든 구해볼게."

남편은 그 동안 모은 돈으로 아내의 드레스를 샀다. 하지만 목걸이는 너무 비싸서 살 수 없었다. 할 수 없이 마틸드는 친구에게 목걸이를 빌려야만 했다.

무도회 날, 마틸드은 참으로 아름다웠다. 마치 하늘에서 내려온 천사와도 같았다. 특히 사람들은 마틸드의 진주 목걸이를 보며 매우 부러워했다. 무도회는 참으로 즐거웠다. 하지만 무도회가 끝나고 집에 돌아온 두 사람은 깜짝 놀라고 만다. 목걸이가 없어졌기 때문이다.

"여보, 어떡해요? 진주 목걸이가 없어졌어요."

“뭐, 정말이야? 이 일을 어쩌지.”

근심에 싸인 두 사람은 목걸이를 찾기 위해 백방으로 노력했지만 모두 헛수고였다. 결국 빚을 내어 비싼 진주 목걸이를 산 후 주인에게 돌려주어야 했다. 그 후 두 사람은 그 빚을 갚기 위해 10년 동안 무척 힘든 생활을 해야 했다. 심지어 마틸드는 가정부 일까지 했다. 그러던 중 목걸이를 빌려준 친구를 우연히 만났다. 친구는 삐쩍 마르고 지친 마틸드를 보고 크게 놀랐다.

“마틸드, 네 모습이 왜 이 모양이니?”

마틸드는 그간 돈을 갚기 위해 고생한 이야기를 들려주었다. 그러자 친구가 깜짝 놀라며 말했다.

“마틸드, 왜 그 때 말하지 않았니? 10년 전에 너에게 빌려준 목걸이는 가짜 진주 목걸이였어.”

친구의 말을 들은 마틸드는 그 자리에서 주저앉고 말았다.

그렇다. 어쩌면 우리는 진짜 보물이 뭔지도 모른 채 가짜 보물을 위해 인생의 대부분을 허비하며 살고 있는지도 모른다. 내 안의 보물이 있는데 괜히 다른 곳에서 찾으려고 말이다. 그것만큼 어리석은 일이 또 있을까.

가치는 스스로 만드는 것

바이올린 하나가 경매에 붙여졌다. 아주 낡고 보잘 것 없는 바이올린이었다. 당연히 어느 누구도 그 바이올린에 관심이 없었다. 그런데 잠시 후 놀라운 일이 일어났다. 유명한 바이올리니스트가 무대 위로 올라오더니 그 바이올린으로 연주를 하기 시작했다. 사람들은 모두 감동을 받은 나머지 박수를 아끼지 않았다.

잠시 후 그 바이올린이 다시 경매에 붙여졌다. 이번에는 아주 비싼 값에 낙찰되었다. 똑같은 바이올린임에도 그 가치가 확 달라진 것이다.

이 이야기는 가치를 높이는 것은 그 물건 자체일 수도 있지만, 그것을 지닌 사람일 수도 있다는 사실을 말해주고 있다.

얼마 후 또 하나의 바이올린이 경매에 붙여졌다. 전 세계에 두 개밖에 없는 말 그대로 최고의 바이올린이었다.

치열한 경쟁 끝에 한 사람에게 수억 원에 낙찰되었다. 그런데 갑자기 놀라운 일이 일어났다. 바이올린을 낙찰받은 사람이 바이올린을 망치로 마구 때려 부숴버린 것이다. 결국 바이올린은 모두 망가지고 말았다.

사람들은 그의 갑작스런 행동에 놀라움을 금치 못했다.

“미친 거 아니야?”

“저렇게 비싼 걸 왜 부수지?”

“돈 많다고 자랑하는 거야 뭐야?”

잠시 후 그 사람은 등 뒤에서 또 다른 바이올린을 꺼내며 말했다.

“이제 이 바이올린은 세상에서 단 하나뿐입니다. 바이올린 가격 역시 지금보다 몇 배는 오를 것입니다.”

세상에서 유일한 것은 그만큼 가치가 높다. 사람 역시 마찬가지이다. 그러므로 남들과 같은 것, 남들과 비슷한 것보다는 나만이 할 수 있는 것을 택해야 한다. 그래야만 보석처럼 내 자신이 빛날 수 있다.

자신의 가치를 찾는 데 인생을 걸어라

이 세상에 못난 사람은 아무도 없다. 길섶에 핀 들꽃도, 백사장의 모래 알갱이도 나름대로 가치가 있다. 또한 유일한 존재이다.

우리 역시 이 세상에 단 한 명뿐인 유일한 존재이다. 만일 당신이 쌍둥이라면? 겉모습이 닮았을 뿐 다른 한 명이 결코 당신이 될 순 없다. 그러니 남보다 가진 돈이 많지 않아도, 남보다 능력이 뛰어나지 않아도, 남보다 높은 지위에 있지 않아도, 남보다 멋지게 생기지 않아도, 어느 자리에 있건, 누구를 만나건 기죽거나 주눅 들 필요는 없다.

내게 가장 소중한 보물이 무엇인지, 우리는 인생을 걸고 찾아야 한다. 나아가 내가 가진 재주가 무엇이고, 내가 아끼고 사랑할 사람은 누구이며, 내가 이루고자 하는 꿈은 무엇인지 역시 스스로 찾아야 한다. 중요한 것은 누가 뭐래도 가장 중요한 것은 바로 나 자신임을 잊지 말아야 한다는 것이다.

자기 자신을 사랑하고 존중하는 것, 자기 자신을 괴롭히지 않는 것. 그것이야 말로 우리가 무슨 일을 시작할 때 가장 명심해야 하고, 최고의 가치를 끌어내는 출발점임을 잊지 말아야 한다. 만일 당신이 그 빛을 내뿜고자 한다면 폭풍우 속에서도 그 빛은 꺼지지 않을 것이며, 심해 속에서도 그 빛은 결코 흔들리지 않을 것이다.

가치는 스스로 만드는 것이다. 미국의 시인 롱펠로는 어느 날 문득 좋은 시상이 떠올라 휴지조각에 그것을 급히 적었다. 훗날 그 휴지조각은 자그마치 6천 달러에 팔렸다. 휴지조각이 그렇게 비싼 가격에 팔릴 수 있었던 이유는 위대한 시인의 문학성과 영혼이 깃들어 있기 때문이었다.

삶은 노력과 과정을 배신하지 않는다

개인의 브랜드화 시대이다. 치열한 경쟁 사회에서 살아남기 위해선 다른 사람들과 달라야 한다. 똑같은 방식으론 결코 살아남을 수도, 앞서나갈 수도 없다. 경쟁이 치열할수록 자신만의 브랜드를 만들어야 한다.

자신만의 브랜드를 만든다는 건 자신의 가치를 발견한다는 의미일 수도 있다. 그러자면 일단 자신의 실체를 있는 그대로 인정해야 한다. 나를 알면 남을 알고 세상을 알 수 있기 때문이다.

그러기 위해선 자신의 단점이 무엇이며, 자신의 한계는 어디까지인지 스스로 잘 알고 있어야 한다. 자존심만 내세우지 말고 객관적인 나, 현재의 나의 위치에 대해 제대로 알아야 하는 것이다.

나이키 창업자 필 나이트는 학창시절 단거리 육상 선수로 활동했다. 그러나 열심히 하긴 했지만 그리 좋은 성적을 내진 못했다. 한마디로 노력은 했지만 재능은 없었다. 역부족이었다. 자존심도 상하고 절망감도 깊어지던 어느 날 밤, 그는 거울 속의 자신을 바라보며 이렇게 말했다.

"그래, 인정할 건 인정하자. 자존심 상하지만 내 역량으로는 도저히 프로선수가 될 수 없어. 이쯤에서 포기하고 다른 길을 찾아보자."

그 후 그는 육상을 그만두고 새로운 길을 모색했다. 육상이 아닌 다른 분야에서 빛을 발할 수 있을 것이라는 강한 믿음 때문이었다. 그는 선수 시절 불편한 운동화 때문에 고민했던 경험을 바탕으로 편한 운동화를 만들기로 하고 집 근처에 작은 공장을 차렸다. 그리고 자신이 만든 운동화를 트럭에 싣고 돌아다니며 팔기 시작했다. 그것이 바로 운동선수라면 누구나 한번쯤 신고 싶어 하는 세계적인 운동화 브랜드 나이키의 시작이었다.

자신의 가치를 높이기 위해선 우선 자신이 누구이며, 현재 내 위치는 어느 정도인지, 어디를 향해 가고 있는지 냉철하게 파악할 줄 알아야 한다. 그 후 자신이 가장 잘할 수 있는 것, 미치도록 하고 싶은 것을 찾아 혼신의 노력을 기울여야 한다. 삶은 그런 노력과 과정을 결코 배신하지 않는다.

일등을 하는 것보다 자기 자신을 만족시키는 것이 진정한 성공이다

주위를 살펴보면 능력은 있지만 딱히 두각을 나타내지 못하는 사람들이 종종 있다. 그런 사람들은 안타깝게도 너무 많은 능력이 오히려 장애가 된 경우이다. 즉, 빛을 여러 군데로 발산하고 있기 때문에 하나에 집중하지 못하는 것이다.

어린 시절, 돋보기를 이용해 태양열을 한 곳으로 초점을 모아 종이를 태워본 경험이 있을 것이다. 이는 모을수록 더 강해지고 멀리 발산하는 빛의 원리를 이용한 것이다. 이처럼 자기 자신의 장점을 찾고, 그것을 그 누구도 범접할 수 없는 최고의 것으로 만들어 특화시켜야 한다. 한 가지 장점이 두각을 나타내면 자신도 모르는 사이에 더 많은 장점을 찾을 수 있다.

'컴퓨터의 황제'하면 누구나 빌 게이츠를 떠올린다. 마찬가지로 '투자의 귀재' 하면 워렌 버핏을, '경영의 귀재'하면 잭 웰치를, '토크쇼의 여왕'하면 오프라 윈프리를 자연스럽게 떠올린다.

당신은 당신의 이름 앞에 어떤 수식어가 붙기를 바라는가? 자신의 이름 앞에 어떤 수식어가 붙을지는 오직 자기 자신만이 알 수 있다.

누구나 자신의 길이 있다. 당연히 그 길이 평탄대로는 아닐 것이다. 자갈밭 길일 수도 있고, 진흙탕 길일 수도, 늪일 수도, 험한 계곡이 즐비한 산길일 수도 있다. 나아가 그 길을 걷고 있을 때 누구도 지친 당신에게 손을 내밀지 않을 수도 있으며, 상처를 입고 큰 위험에 빠질 수도 있다. 그렇다고 그 자리에 주저앉아선 안 된다.

모든 것의 시작은 미약하기 그지없다. 하지만 포기하지 않고 미래를 상상하며 계속 전진하고 참았기에 위대함의 끝에 도달할 수 있었다.

중요한 것은 성공이 아니다. 끊임없이 나를 발전시키고, 보다 더 중요한 가치를 향해 나아가는 것이야 말로 우리 모두가 꿈꾸는 진정한 성공의 길이다.

　고개를 들어 밝게 빛나는 태양을 봐라, 나를 집어 삼킬 듯이 노려 보는 저 푸른 바다를 봐라, 그리고 그 끝에서 나를 기다리는 미래를 봐라.

　자신의 이름 앞에 성공과 행복이라는 수식어를 달고 싶은가? 그렇다면 간절히 갈망하고 도전하라. 거기에 삶의 해답이 있다.

일등을 하는 것보다
자기 자신을 만족시키는 것이 더 중요하다

'존 우든'이라는 이름을 아는가? 그는 농구선수와 감독으로 활약하며 경이적인 기록을 세운 신화적 인물이다.

그가 이끈 UCLA 대학 농구팀은 12년 동안 88연승이라는 전무후무한 대기록을 세웠다. 그는 선수들에게 어떻게 준비하고, 어떻게 노력해야 하는지, 어떤 조건을 구비하고, 어떤 정신을 갖고 있어야만 성공할 수 있는지, 일명 '성공을 위한 피라미드'를 만들어 보여준 것으로 유명하다. 또한 '승리와 성공의 차이'라는 명연설을 통해 성공의 정의를 재규정하고, 항상 최고를 추구할 것을 주장한 바 있다.

"당신이 최선을 다했음에도 실패했다면, 당신은 절대 패배자가 아니다. 그러나 자신이 최선을 다하지 못했음에도 성공했다면, 당신은 절대 승자가 될 수 없다. 그냥 운이 좋았다고 생각하라."

이처럼 그는 경기에서 승리하는 법 뿐만 아니라 인생에서 승리하는 법을 가르쳐준 최고의 스승이기도 하다.

그는 일등을 하는 것, 승리하는 것, 남들보다 잘하는 것이 중요한 것이 아니라 자기 자신이 만족할 수 있을 만큼 최선을 다하는 것이 중요하다고 말했다. 다시 말해 결과가 어떻든 그 과정에서 최선을 다했다면 그것이야말로 진정한 성공이라는 것이다. 이에 평생 이런 마음으로 학생들을 지도했고, 그의 진심을 알아본 학생들의 노력 덕분에 88연승이라는 진기록을 세울 수 있었다고 했다.

"다른 사람들과 비교해서 더 나은가를 걱정하지 마라. 하지만 네가 실현 가능한 최고의 사람이 되려는 노력은 그치지 마라. 그건 자기 힘으로 컨트롤할 수 있지만, 다른 사람은 컨트롤할 수 없으니까. 우리의 운명을 만드는 것은 바로 우리 자신이다."

다음은 그가 제시한 '자신을 최고로 만드는 7가지 방법'이다.

- 자신에게 솔직해져라.
- 매일 매일을 중요하게 여겨라.

- 다른 사람들을 도와라.

- 좋은 책을 정독하라.

- 우정은 예술처럼 만들어진다. 자신의 우정을 창조하라.

- 비오는 날을 위해 피난처를 만들어라.

- 삶을 기쁘게 받아들이고 자신이 받은 축복을 생각하고 감사하라.

중요한 것은 자기 자신이다. 그러므로 이겨야 할 상대도 자기 자신이라는 사실을 잊지 말아야 한다. 자기 자신을 넘어서지 못하면 그 누구도 넘어설 수 없다.

위대함은 당신이 다른 사람보다 앞서 나가는 데 있지 않다.
가장 큰 위대함은 당신이 과거의 당신보다 앞서 나가는데 있다.
- 인도 속담

인생은 결국
나와 나의 싸움이다

책이나 인터넷에서 좋은 글을 접하고 나면 나도 모르게 마음의 변화가 찾아온다.

'야, 정말 멋진 글이다!'

마치 입 안에서 달짝지근한 초콜릿이 스르르 녹는 기분이랄까. 그러나 그 기분은 그리 오래 가지 않는다. 초콜릿의 단맛은 금세 사라지고 경쟁심이 불타오르기 때문이다.

'이것보다 내가 더 잘 쓸 수 있어.'

이렇듯 좋은 글을 접한 날이면 나는 여느 때보다 더더욱 글쓰기에 열중한다. 꿈속에서도 그 경쟁심이 발동한다. 그러다 보면 깊은 잠을 잘 수 없어 이른 새벽부터 일어나 글을 쓰게 된다. 그렇게 창가에 드리우는 시원한 새벽바람을 맞으며 미친 듯이 쓴 글은 다소 문장이 거칠긴 하지만 제법 괜찮다. 그 글을 보며 나는 행복을 느낀다. 비록 경쟁심이 내 마음을 흔들어놓긴 했지만 결과적으로 내 글이 발전하는 계기가 되었기 때문이다.

미국 제20대 대통령인 가필드는 승부욕이 매우 강한 사람이었다. 대학 시절, 그와 같은 클래스에 수학 성적이 매우 뛰어난 학생이 한 명 있었다. 이에 가필드는 그를 따라잡기 위해 부단히 노력했다. 그러나 어떻게 된 일인지, 아무리 열심히 노력해도 그를 따라잡을 수 없었다.

'아니 이렇게 열심히 했는데, 왜 내가 이길 수 없지?'

절망한 가필드는 그 이유가 몹시 궁금했다. 이에 그 학생을 유심히 관찰하기로 했다. 그리고 얼마 후 아주 특별한 비밀을 하나 알게 되었다. 그 친구 방의 불이 자기 방보다 항상 10분 후에 꺼지는 것이었다.

그때부터 가필드는 그 친구보다 10분 더 공부한 후 잠을 청했다. 그 결과, 머잖아 그 친구보다 더 좋은 성적을 얻을 수 있었다.

이처럼 강한 승부욕은 때론 라이벌 의식을 뛰어넘어 한 걸음 더 발전하고, 더 위대해지는 좋은 밑거름이 되곤 한다.

성공하고 싶은가? 그렇다면 라이벌을 만들어라

여기 라이벌 의식을 품고 살면서 꿈을 이룬 젊은이가 한 명 있다. 춤이면 춤, 연기면 연기, 몸매면 몸매 뭐하나 빠지지 않는 만능 연예인 '비'가 바로 그다.

현재 비의 인기는 아시아를 넘어 세계를 향하고 있다. 그도 그럴 것이 그는 몇 년 전 〈타임〉지에 의해 '올해의 인물 100인'으로 선정되기도 했다.

비가 세계의 중심에 설 수 있었던 이유는 수없이 많다. 하지만 가장 큰 이유는 그의 승부욕을 자극하는 라이벌이 존재했기 때문이다.

한 기자가 비를 향해 물었다.

"지금은 세계적인 스타가 되었지만 비 역시 분명 무명시절이 있었을 겁니다. 그때 당시 라이벌을 누구라고 생각하며 연습했습니까?"

이에 비는 쑥스러운 듯 미소를 지었다. 그러나 이내 자신감 넘치는 말투로 말했다.

"연습실에서 춤과 노래를 연습하면서 마음속으로 늘 그를 이기고 싶었습니다."

"그라니요? 그가 누구죠?"

"……."

비가 잠시 뜸을 들이자 기자는 더더욱 궁금했다.

"그가 누굽니까?"

"제가 이기고 싶었던 사람은 바로 마이클 잭슨입니다."

비는 자신의 라이벌로 마이클 잭슨을 지목했다. 아직 알려지지도 않은 가수 준비생에 불과했던 그가 자신의 라이벌로 세계 최고의 팝스타인 마이클 잭슨을 지목하다니. 당차기도 했지만 어떻게 보면 건방져 보일 수도 있었다. 하지만 가수 준비생이었던 그에게 마이클 잭슨이라는 라이벌은 자신의 인생 목표를 정하는데 있어 큰 영향을 미쳤고, 꿈을 이루는 확실한 촉매제가 되었다.

누구나 모두 성공을 원한다. 그러나 성공으로 가는 길은 참으로 막연하다. 그 막연함을 덜어주는 것이 바로 라이벌의 존재이다.

자신보다 더 나은 사람을 선정해서 그 사람이 걸어갔던 길을 따라가라. 그러면 언젠가는 그와 닮아갈 것이고, 또 언젠가는 그를 뛰어넘을 날이 올 것이다.

라이벌이 있다는 건 꿈이 있다는 것이다. 라이벌을 만들면 일단 이기고자 하는 경쟁심이 불타오르고 새로운 목표가 생긴다. 이에 더 더욱 집중력이 생겨 보다 쉽게 목표를 달성할 수 있다.

공멸이 아닌 공존의 길을 찾아야

맞수나 호적수를 뜻하는 '라이벌(rival)'의 어원은 강(river)에서 유래되었다고 한다.

"이 강은 우리 마을의 강이오."

"무슨 소리! 이 강은 우리 마을의 소유요."

강을 사이에 두고 마주보고 있던 두 마을은 강의 소유권을 두고 매일 으르렁거리며 싸웠다. 함께 흐르는 강을 나눠 마시고, 함께 물고기를 잡으며 우애를 다지면 좋으련만, 그들은 한 치의 양보도 없이 그 강을 서로 차지하기 위해 충돌하고 반목했다. 그러나 반대로 생각하면 두 마을 모두 강을 지키기 위해 최선을 다했고, 그 결과 강은 결코 마르거나 오염되는 일이 없었다. 그런 의미에서 라이벌은 경쟁자이면서 동시에 협력자라고 할 수 있다.

어느 지방에서 매년 호박 품종 대회가 열렸다.

"크기도 크고, 맛 또한 굉장히 좋습니다. 이 호박을 최고의 품종으로 선정합니다."

수많은 참가자 중에서 한 농부가 최우수상을 받았다. 그런데 그 농부는 자신의 종자를 대회에 참가한 다른 농부들에게 공짜로 나눠주었다. 이에 다른 농부들은 모두 그 종자를 받으며 기뻐했다.

"이제 우리도 이처럼 크고 맛 좋은 호박을 얻을 수 있겠군."

그러자 한 농부가 의아한 표정으로 최우수상을 받은 농부에게 물었다.

"오랜 시간과 노력 끝에 품종 개량에 성공한 걸로 알고 있는데, 이 좋은 종자를 우리에게 나눠줘도 괜찮습니까? 전혀 아깝지 않소?"

그러자 농부가 미소를 지으며 말했다.

"물론 사람이니까 아깝다는 생각도 들지요. 하지만 크게 생각하면 나를 위한 일이기도 합니다. 생각해보세요. 꿀벌이 꽃가루를 전하는 과정에서 당신네들의 열등한 품종의 꽃가루가 내 품종을 오염시키면 어떡합니까? 그러니 함께 나누는 것이 더 현명한 방법이지요. 그래야만 나 역시 더 좋은 품종 개량에 전심전력을 다 할 수 있을 테니까요."

라이벌이라 함은 서로에게 장애가 되고, 걸림돌이 되기도 하며, 실(失)이 되기도 한다. 하지만 크고 넓게 생각하면 결국 모두에게

이득이 된다.

한때 한국 가요계를 양분했던 남진과 나훈아의 예를 들어보자. 당시 한국 가요는 도시적이고 세련된 남진의 팬과 다소 거칠면서 촌스런 나훈아의 팬으로 나뉘었다. 그러다 보니 알게 모르게 두 사람 사이에도 신경전이 있었고, 팬들 간에도 갈등이 있었다. 노래가 나오는 곳이면 늘 두 사람의 노래가 번갈아 나올 정도로 두 사람의 경쟁은 치열했다. 하지만 그 라이벌 관계가 두 사람의 경쟁력을 높이고 인기에 일조한 것 역시 사실이다.

경쟁만 하고 협력하지 않으면 서로의 마음에 생채기를 내고 공존이 아닌 공멸의 길로 가게 된다.

삼성을 세계적인 기업으로 키운 이건희 회장은 현대그룹 정주영 전 회장의 장례식장에서 이렇게 말한 바 있다.

"현대란 라이벌이 있어서 삼성이 이렇게 클 수 있었다."

이렇듯 인생에 라이벌이 있다는 건 그만큼 성장할 수 있다는 반증이기도 하다. 지금 현재에 만족하고 정체된 자신을 되돌아보게 하고, 나태해진 자신을 다시금 타오를 수 있는 열정과 힘을 주기 때문이다. 다시 말해, 라이벌은 삶에 있어서 반드시 필요한 유익한 존재라고 할 수 있다.

정체된 나를 용서하지 마라

비킬라 아베베는 마라톤 선수이자, 양궁선수, 탁구선수이기도 했다. 그가 위대한 이유는 만능 스포츠 선수였기 때문이 아니라 인생 최고의 라이벌을 이겨냈기 때문이다.

그는 1960년 로마올림픽에 이어 1964년 도쿄올림픽에서도 마라톤에서 금메달을 획득했다. 그러나 안타깝게도 교통사고로 인해 하반신 마비의 중증장애인이 되고 말았다.

'오, 신이시여! 제게 왜 이런 시련을 주십니까?'

당연히 마라톤 금메달은 물 건너갔다. 그러나 그는 결코 포기하지 않았다. 그는 장애인 올림픽의 전신인 '스토크 맨더빌 게임스'에 출전해 양궁은 물론 탁구에서까지 우승을 거머쥐었다. 인생 최고의 라이벌인 '자기 자신'을 이겨낸 것이다.

다른 사람이 아닌 자신의 과거와 싸워야 한다. 다른 사람과의 경쟁은 나 자신을 불편하게 만들 뿐이다. 하지만 자신의 과거와 경쟁하는 것은 불편하지 않을 뿐더러 적을 만들지 않고도 앞을 향해 나아갈 수 있게 만든다. 나아가 승리하면 스스로 기뻐할 수 있고, 누구에게도 상처를 주지 않으면서 모든 사람들로부터 찬사를 받을 수 있다.

더 빨리 실패하고,
더 빨리 만회하라

"하이테크 전쟁이라고 평가받는 이번 싸움에서 세웠던 승리 전략은 아무것도 없다. '손자'에서 얻은 지식을 실천으로 옮겼을 뿐이다"

1991년 걸프전에서 다국적군의 완벽한 승리를 이끈 노먼 슈워츠코프 장군은 전쟁이 끝난 뒤 이렇게 말했다.

소프트뱅크 창업자 손정의 회장은 '손자'를 읽고 감명받은 나머지 '손의 제곱병법(손자와 손정의를 합쳐 제곱의 결과를 낳는 병법이라는 뜻)'을 만들어 사업에 응용하기도 했다.

중국 춘추시대 말 주 왕조 후반 손무가 쓴 《손자병법》은 이렇듯 2천5백여 년이 흐른 뒤에도 여전히 많은 사람들로 사랑받고 있다. 성공과 승리를 추구하는 사람들의 영원한 '바이블'이기 때문이다.

그렇다면 손자가 얘기하는 라이벌을 굴복시키는 최선의 계책은 과연 무엇일까? 그것은 바로 '싸우지 않고 이기는 것'이다. 그러자면 라이벌보다 훨씬 더 많은 경험과 전략, 지혜를 가지고 있어야 한다.

'더 빨리 실패하고, 그 실패를 더 빨리 만회하라.'

이것이야 말로 라이벌을 이길 수 있는 가장 좋은 방법이다.

라이벌이 없다는 것은 자신한테 큰 도움이 되지 않는다. 긴장하고, 발전할 수 있는 기회가 없어지기 때문이다. 그렇다고 라이벌의 존재를 지나치고 의식하고 부담스러워해선 안 된다. 라이벌을 이기겠다는 생각에 앞서 일단 자기 자신을 먼저 이겨야 한다. 자기 자신을 이긴 사람은 자연스럽게 다른 사람도 이길 수 있기 때문이다. 그런 의미에서 한계의 옷을 과감히 벗어던지고 새로운 나를 만나는 사람이야말로 인생의 진정한 승리자라고 할 수 있다.

실수를 범하지 않고 있다면,

위험을 무릅쓰지 않고 있다는 것이고,

아무런 목표도 이루지 못하고 있다는 뜻이다.

핵심은 경쟁자보다 더 빨리 실수를 저지르는 것이다.

그러면 교훈을 배우고 승리를 거둘 기회가 더 많아질 것이다.

– 에이브러햄 링컨

누군가 나를 매우 지루하게 한다.
그런데 그 사람은 바로 나인 것 같다.
– 딜런 토마스

세상의 속도보다
딱 반걸음만 앞서가라

내 몸은 많이 비대해졌다. 예전에는 피죽도 못 먹고 사는 사람처럼 삐삐 말랐다고 놀림을 받은 적도 있었다. 하지만 지금은 내 자신이 부담스러울 정도로 많이 변했다. 이에 중·고등학교나 대학 시절 친구를 오랜만에 만나면 다들 두 눈이 휘둥그레지곤 한다.

"야, 너 왜 이렇게 몸이 불었냐?"

"뭐 좋은 일이라도 있나봐?"

그럴 때마다 쥐구멍이라도 찾고 싶은 심정이다. 물론 친구에게 그런 말을 들었을 땐 그저 우정 섞인 말로 가볍게 넘길 수도 있다. 하지만 문제는 직장에서 그런 말을 들었을 때이다. 이때는 좀 달리 해석을 해야 할 필요가 있다.

뚱뚱한 것이 자칫 답답하고 무능한 모습으로 비쳐질 때가 있다. 일단 뚱뚱한 사람을 보면 떠오르는 단어가 몇 개 있다. 게으름, 답답함, 꽉 막힘, 우유부단…. 물론 그런 단어를 떠올린다는 것 자체가 편견일 수도 있다. 하지만 뚱뚱하면 재빠르지 않고 둔하게 느껴지는 건 부인할 수 없는 사실이다.

뚱뚱한 사람이 대접받지 못하는 이유 중 하나는 요즘 세상이 그만큼 빨리 돌아가고 있기 때문이다.

요즘 사람들은 오래 기다리지 못한다. 그만큼 빠른 걸 좋아한다. 인터넷이나 스마트폰의 속도가 느리면 답답해하고 짜증부터 낸다. 주문한 음식이 늦게 나오기라도 하면 좌불안석이다. 심지어 입맛이 싹 사라진다는 사람도 있다. 기다리는 버스가 빨리 오지 않으면 한숨이 나오고 화가 난다.

이렇듯 언제부터인가 우리는 빠른 삶에 익숙해졌고 또 그것을 원하고 있다. 하지만 이처럼 조급증에 걸려 빨리빨리만 외쳐 되는 것이 스피드의 전부는 아니다. 우리에게 정말 필요한 스피드는 변화를 읽는 눈과 위기 상황에 대처할 수 있는 능력을 키우는 것이다.

한 남자가 친구인 줄 알고 어떤 사람의 뒤통수를 세게 때렸다. 그러나 그는 친구가 아닌 험상궂은 인상의 조직 폭력배였다. 남자는 크게 당황해하며 두 눈이 휘둥그레진다. 그때 다음과 같은 자막이 뜬다.

'지금 가장 필요한 건 뭐?'

정답은 '스피드!'

남자는 위기를 모면하기 위해 아주 빠른 속도로 도망을 친다. 인터넷 속도가 빠르다는 걸 유머러스하게 표현해 화제가 되었던 TV 광고의 스토리이다.

만약 남자가 도망가지 않고 우물쭈물한 채 머뭇거렸다면 모욕을 당했을 게 틀림없다. 이처럼 어떤 순간에는 스피드가 분명 필요하다. 하지만 여기서 말하는 스피드란 그저 빨리 달리는 것만을 의미하지 않는다. 상황을 재빨리 판단하고 뭘 해야 할지 빨리 결정하여 실천하는 것을 말하기 때문이다.

그러고 보면 우리는 늘 망설임 속에서 많은 시간을 허비하곤 한다. 하지만 그건 단지 시간을 낭비하는 것에 그치지 않는다. 그 망설임으로 인해 자칫 쉽게 마무리 될 수 있는 일을 크게 만들 수도 있다. 또한 윗사람으로부터 깔끔하게 일처리를 하지 못했다며 핀잔을 들을 수도 있다. 망설임이 길어지면 결국 우유부단으로 이어지고 그것은 곧 무능과 다를 바 없다.

늦으면 설 자리가 없다

삶에 있어서도 빠른 판단력은 매우 중요하다. 자신을 위기에서 구할 수도, 성공으로 이끌 수도 있기 때문이다. 이런 신문기사를 본 적이 있다.

기장은 관제탑의 지시에 따라 고도를 낮추고 착륙 준비를 했다. 그런데 착륙하려는 순간, 놀랍게도 활주로에 다른 비행기가 이륙을 준비하고 있는 게 아닌가. 자칫하면 수많은 인명 피해가 발생할 수도 있는 매우 긴급한 상황이었다.

기장은 빠른 판단력으로 두 비행기가 거의 닿으려는 순간, 다시 하늘로 날아올랐다. 그리고 잠시 후 무사히 착륙할 수 있었다.

비행기에서 내린 기장은 황급히 관제탑으로 달려갔다. 그리고 관제탑 업무를 보는 직원들을 향해 큰소리로 항의했다.

"비행기가 이륙하려는 활주로를 지정해주면 어떻게 합니까? 하마터면 대형사고가 날 뻔 했잖습니까. 도대체 어떻게 된 겁니까?"

이에 관제탑 업무를 보는 직원들은 고개를 몇 번씩 숙이며 사과의 말을 전했다.

"죄송합니다. 저희들이 큰 실수를 했습니다. 하지만 기장님의 빠른 판단으로 인해 엄청난 참사를 모면할 수 있었습니다. 2~3초만 늦었다면 정말 큰 일이 일어났을 것입니다. 정말 죄송합니다."

빠르다는 게 경쟁력이 된지 오래다. 위험에 처해있을 때 빠른 판단 능력을 가지고 있으면 그만큼 위험에서 빨리 벗어날 수 있다. 이는 비즈니스에 있어서도 마찬가지이다.

비즈니스에 있어서 상대의 마음을 재빨리 파악할 경우 상대를 내 편으로 만들 수도, 한층 더 좋은 성과를 낳을 수도 있다. 한 발 빠른 행동은 상대방으로 하여금 성실하고, 믿음직하며, 유능하다는 인상을 심어주기 때문이다.

진공청소기를 개발한 윌리엄 후버라는 사람이 있다. 그는 본래 말안장을 제조하던 사람으로, 말안장을 만들기 위해 아침부터 저녁 늦게까지 끊임없이 망치질을 했다. 그러던 어느 날, 그는 신문에서 다음과 같은 기사를 접했다.

순간, 그는 들고 있던 망치를 땅바닥에 내팽개치고 말았다. 자동차가 상용화된다는 것은 말이나 마차를 타는 사람이 줄어든다는 얘기였기 때문이다. 그렇게 되면 자신의 사업이 망하는 건 시간문제였다.

몇날며칠 고민을 거듭하던 그는 결국 다른 길을 찾기로 했다.

"난 이제 말안장 만드는 걸 그만 두겠네."

"후버, 그게 무슨 소린가? 자네처럼 숙련된 기술자가 일을 그만두다니. 당장 뭘 먹고 살려고 그래?"

"하루라도 빨리 그만두고 새로운 일을 찾아야지. 이렇게 미적거렸다가는 나중에 후회만 하고 말거야."

그가 말안장 만드는 일을 그만두겠다고 하자, 동료들은 모두 고개를 갸우뚱거렸다. 후버만큼 사태의 심각성을 인식하지 못했기 때문이다. 그도 그럴 것이 평생 한 가지 일에만 매달려온 사람이 하루아침에 그 일을 포기하기란 쉽지 않다. 그러나 변화를 빨리 읽고 거기에 대처하는 사람만이 살아남을 수 있다.

후버는 앞으로 각광받는 직업이 무엇이고, 시대를 앞서갈 만한 일이 뭔지 곰곰이 생각했다. 그러던 어느 날, 아주 우연한 기회에 그에게 행운이 찾아왔다.

그는 친척인 제임스 머레이 스팽글러의 집에 놀러갔다가 아주 신기한 물건 하나를 발견했다.

"이게 뭐죠? 참 신기하게 생겼네요."

"내가 개발 중인 물건이야. 일명 진공청소기지."

"진공청소기요?"

"그래, 스위치를 켜면 이 구멍으로 먼지를 빨아들이지."

스팽글러가 자신이 발명한 물건을 들여다보며 매우 자랑스럽게 말했다.

사실 후버는 그 물건을 본 순간, '그래, 바로 이거야'라며 큰 소리를 지를 뻔 했다. 결국 그는 제임스 스팽글러에게 진공청소기의 특허권을 샀다. 그리고 함께 사업을 하자고 제안했다. 그리고 얼마 후 수많은 연구 끝에 제대로 된 진공청소기를 완성, 본격적인 판매에 들어갔다. 그는 진공청소기를 팔기 위해 '모든 먼지와 모래알은 후버가 남김없이 가져갑니다.'라는 노래까지 만드는 등 천재적인 마케팅 능력을 발휘했다. 그 결과, 그가 만든 진공청소기는 전 세계로 퍼져나갔고, 그는 억만장자가 되었다.

변화를 읽고, 한 발 앞서 준비하라

"얼마나 빨리 행동하느냐가 승리의 관건이다."

나폴레옹의 말이다.

13세기에 인류 역사상 가장 넓은 영토를 가진 제국을 건설한 칭기즈칸은 "성을 쌓고 사는 자는 멸망하고, 끊임없이 교류하고 이동하는 자는 살아남을 것"이라고 예언한 바 있다. 두 사람 다 스피드를 강조한 것이다.

"덩치가 큰 기업이 항상 작은 기업을 이기는 것은 아니지만, 빠른 기업은 언제나 느린 기업을 이긴다."

미국 시스코 시스템즈사의 CEO 존 챔버스의 말이다.

한때 전 세계 직장인들의 우상이었던 잭 웰치 역시 탁월한 스피드를 지닌 경영자로 평가받고 있다.

그는 회장에 취임하자마자 모든 사업에 대해 면밀히 분석했고, 경쟁력이 없다고 판단되면 과감히 그 분야의 사업을 정리했다. 그 결과, 1982년부터 1987년 사이에 GE에서 약 100여 개의 사업이 사라졌다.

물론 그의 스피드 경영으로 인해 하루아침에 직장을 잃은 사람들도 적지 않다. 하지만 만일 그가 그런 결정을 내리지 않았다면 회사 전체가 무너질 수도 있는 상황이었다. 그만큼 절박했다.

결국 그의 스피드한 의사결정과 추진력은 마침내 그를 세계 최고의 경영자라는 타이틀을 달게 해주었고, GE를 세계적인 기업으로 우뚝 서게 만들었다.

남보다 앞서기 위해선 빠른 의사결정 능력과 빠른 정보 습득, 그리고 과감하고 적극적인 실행력을 갖춰야 한다.

실제로 요즘 기업의 화두 중 하나는 바로 '스피드'이다. 누가 먼저 신제품으로 시장을 선점하느냐에 따라 회사의 존폐가 달려 있기 때문이다. 경쟁사가 신제품을 내놓은 후 거기에 필적할만한 제품을 내놓으려면 적어도 6개월에서 일 년 정도의 시간이 필요하다. 뿐만 아니라 가격 저항력 역시 발생할 우려가 높다. 한마디로 경쟁사가 모든 이익을 가져간 후 뒤치다꺼리나 해야 하는 상황이 될 수도 있는 것이다.

늦으면 설 자리가 없다. 어찌 그것이 기업뿐이겠는가. 개인도 마찬가지이다. 나아가 조그만 중국집도, 치킨집도, 피자집도, 족발집도 예외일 수 없다.

조금이라도 빨리 맛있는 신제품을 개발하고, 식기 전에 음식을 배달해야 한다. 스피드가 생명이고, 스피드가 곧 돈이다.

그렇다고 스피드의 노예가 되어선 안 된다. 빠른 것도 중요하지만 그보다 더 중요한 것은 튼튼한 뿌리를 갖는 것이다. 뿌리는 연약한데 가지만 쑥쑥 자라고 이파리만 무성하면 결국 그 나무는 언젠가는 반드시 쓰러지기 마련이다. 스피드가 '대충대충병'으로 이어지면 안 된다는 것이다. 그것이 얼마나 무서운지 우리는 수많은 경험을 통해서 익히 알고 있다. 그러니 대충대충병을 경계하고, 세상의 속도보다, 다른 사람보다 딱 반걸음만 앞서가라.

오늘 하지 못한 일을
내일은 할 수 있을까

지옥으로 떨어지는 사람의 수가 급격하게 줄어들자 염라대왕은 급히 귀신들을 소집했다.

"어떻게 하면 사람들을 지옥으로 유인할지 좋은 방법이 있으면 말해보시오."

그러자 첫 번째 귀신이 말했다.

"제가 사람들에게 '양심을 버리라'고 말하겠습니다."

그러나 염라대왕은 고개를 내저었다.

잠시 후 두 번째 귀신이 말했다.

"제가 사람들에게 '하고 싶은 일을 맘대로 하라'고 말하겠습니다. 그렇게 하면 지옥으로 올 사람들이 더 많이 늘어날 것입니다."

그러나 염라대왕은 여전히 만족할 수 없었다.

잠시 후 세 번째 귀신이 자신 있게 말했다.

"제가 사람들에게 '아직 내일이 있잖아'라고 말하겠습니다. 그럼 사람들은 모든 일을 내일로 미룰 것입니다."

그제야 염라대왕은 만족스럽다는 듯 고개를 끄덕였다.

일 처리를 뒤로 미루는 것은 누구나 동감하는 나쁜 버릇이다. 어린 아이들이 방학 숙제나 일기 쓰기를 미루는 것부터 시작해 회사원들의 업무 질질 끌기도 예외는 아니다. 핑계는 '다음에 해야지'이다. 문제는 시간이 흐른 다음에 돌이켜보면 '아, 그때 했더라면'하는 후회가 당연하다는 듯 밀려온다는 것이다. 그렇다면 답은 뻔하다. 생각났을 때, 해야할 때 곧바로 처리하는 것이다.

심리학자 윌리엄 크나우스에 따르면 대학생의 90%가 일을 뒤로 미루며, 이 가운데 25%는 아예 미루기 대장들이었다. 일을 뒤로 미루는 사람들이 늘어나는 것은 문자 메신저나 각종 통신도구 등 정보화 기술의 발전과도 맞물려있다. 뭔가 하나에 집중할 수 있는 시간이 자꾸 줄어들게 하는데다, 주의력도 떨어지게 만든 것이다. 그런데 정작 문제는 뒤로 미루는 사람들이 그냥 게을러서 그런게 아니라, 불안감이나 무력감, 두려움, 완벽주의 성향 등이 강하다는 것이다. 그것들이 주는 부정적인 영향은 설명하지 않아도 상상할 수 있다.

생각해보라. 오늘 하지 못한 일을 내일은 과연 할 수 있을까? 단언컨대, 내일은 없다. 우리에겐 오늘이 있을 뿐이다. 내일 역시 오늘이란 시간의 연장에 불과하다. 마음이 바뀌지 않는데 시간이 아무리 늘어난들 무슨 소용이 있겠는가? 물에 물 탄 듯 술에 술 탄 듯 시간만 쓸데없이 흘러갈 뿐이다.

이 세상에서 제일 무서운 것은
가난도 걱정도 병도 슬픔도 아니다.
그것은 바로 삶에 대하여 권태를 느끼는 것이다.
– 마키아벨리

비운다는 것,
버린다는 것

한 회사의 홍보 담당자로부터 사보에 내 글을 싣고 싶다는 청탁을 받은 적이 있다. 뜻밖의 제안에 잠시 당황하기도 했지만 이내 그 제안을 받아들였다. 다음은 그때 기고한 글의 일부이다.

"정명훈 님, 서울시립교향악단의 지휘자를 맡아주실 수 있겠습니까?"

어느 날, 서울시립교향악단의 한 관계자가 지휘자 정명훈을 찾아와 말했다.

"제게 시간을 좀 주십시오."

그리고 며칠 후, 수많은 고민 끝에 그는 그 제안을 수락하기로 했다.

"좋습니다. 하지만 그 전에 한 가지 부탁이 있습니다."

“그게 뭡니까?”

“오디션을 통해 새롭게 단원을 구성하겠습니다.”

그러자 관계자는 난처한 표정을 지었다.

“기존 단원들도 모두 뛰어난 실력을 갖춘 사람들입니다. 그런데 왜 굳이….”

이에 정명훈은 미소를 지으며 다시 말했다.

“기존 단원들의 실력이 최고 수준임은 잘 알고 있습니다. 그러나 오케스트라는 다 같이 하나가 되어 하모니를 내야 합니다. 혼자 기량을 뽐내는 소리를 듣고자 하는 것이 아닙니다. 아울러 단원들과 제 마음도 통해야 하고요. 저는 최고의 하모니를 낼 수 있는 연주자와 함께 이제 갓 대학을 졸업한 열정적인 연주자를 새로 채용하고 싶습니다.”

결국 관계자는 정명훈의 제안을 받아들일 수밖에 없었다.

얼마 후 정명훈의 건의대로 오디션이 진행되었고, 마침내 최고의 팀워크를 갖춘 오케스트라가 탄생하게 되었다.

정명훈이 세계적인 지휘자가 되고, 그 명성을 이어갈 수 있었던 가장 큰 이유는 그의 타고난 능력과 노력 때문이다. 하지만 그보다 더 중요한 것이 하나 있다. 지난 것을 버리고 새 틀을 짜는데 매우 능숙하다는 것이다.

타성에 젖은 나머지 기존의 것을 계속 고집하면 기업이건, 사람이건 더 이상 앞으로 나갈 수 없다.

버릴 때는 과감히 버리고, 바꿀 때는 과감히 바꿔야 한다. 나아가 손해나 위험 역시 감수해야 한다면 그것 역시 기꺼이 받아들일 줄 알아야 한다. 그래야만 변화할 수 있고, 더 높이 더 멀리 앞서나갈 수 있기 때문이다.

가장 소중하고 아름다운 것을 가장 먼저 버려라

시인 도종환의 작품 중 〈다시 피는 꽃〉이라는 시가 있다.

가장 아름다운 걸 버릴 줄 알아야
꽃은 다시 핀다.
제 몸 가장 빛나는 꽃을
저를 키워준 들판에
거름으로 돌려보낼 줄 알아야
꽃은 봄이면 다시 살아난다.

가장 소중한 걸 미련 없이 버릴 줄 알아
나무는 다시 푸른 잎을 낸다.
하늘 아래 가장 자랑스럽던 열매도 저를 있게
한 숲이 원하면 되돌려줄 줄 알아야
나무는 봄이면 다시 생명을 얻는다.

비운다는 것, 버린다는 게 퇴보를 의미하는 건 아니다. 두 걸음 전진을 위한 한 걸음 후퇴라는 말처럼 새로운 것을 채우고 더 나아기기 위한 과정일 뿐이다.

맛있는 음식이 눈앞에 아무리 산더미처럼 쌓여 있다 한들 이미 배가 꽉 차 있다면 그것은 '그림의 떡'에 불과하다. 그것을 먹으려면 일단 배를 비워야 한다. 즉, 채우기에 앞서 선행되어야 할 것이 바로 버리는 일인 것이다.

버리는 것에 대한 미련보다 얻는 것에 대한 기쁨을 즐겨라

버리는 것을 아까워해선 안 된다. 버림으로써 우리는 더 많은 것을 얻을 수 있다. 그러나 그게 말처럼 그렇게 쉬운 일은 아니다. 가지고 있는 걸 버려야 한다고 생각해보라. 그것만큼 어려운 일이 또 어디 있겠는가.

하나를 선택하면 다른 하나를 버려야 한다. 그것을 우리는 '기회비용'이라고 배웠다. 누구나 갖고 싶은 것은 많지만 이를 획득할 재원은 한정되어 있다. 여기서 선택의 문제가 생기고, 우리는 매순간 선택을 하며 살아가야 한다. 빵을 먹어야 할지, 아이스크림을 먹어야 할지 둘 중 하나를 선택해야 할 때, 아이스크림을 선택했다면 빵에 대한 기회비용은 아이스크림이 되는 것이다. 이처럼 우리는 선택에 앞서 늘 현명한 판단을 내려야 한다.

인생에서도 기회비용이 발생하기 마련이다. 두 가지 다 선택할 권한이나 능력이 있다면 좋겠지만 우리의 삶은 그리 넉넉하지 않다.

꿈 역시 마찬가지이다. 무엇이 현명한 선택인지는 결국 자신의 몫이다. 《아큐정전》을 쓴 중국의 문학가 루쉰은 의사의 길을 포기하고 문학가가 되었고, 반 고흐는 목사의 길을 포기하고 화가가 되었다.

음악에 소질이 있는 한 소년이 있었다. 빵집 주인인 아버지는 아들에게 성악 공부를 시켰다. 아들은 성악 공부를 하면서 동시에 사범대학을 다녔다. 졸업할 때가 되자 아들은 아버지에게 자신은 선생님도 되고 싶고 성악가도 되고 싶은데, 어떻게 하면 좋겠냐고 물었다. 그러자 아버지는 이렇게 말했다.

"애야, 두 개의 의자에 앉으려고 하면 그 사이로 떨어지고 만단다. 그러니 한 개의 의자만 선택하도록 해라."

아들은 결국 성악을 택했고, 훗날 세계적인 성악가가 되었다. 그가 바로 세계적인 성악가 루치아노 파바로티이다.

새로운 세상을 원하면 동굴 밖으로 나와야 한다

창조 역시 마찬가지다. 새로운 것을 만들어내기 위해선 기존의 생각이나 사상, 기술을 버릴 줄 알아야 한다.

'창조는 파괴로부터 시작된다'는 말이 있다. 새로운 문화나 문명이 탄생하기 위해선 기존의 정서나 틀, 상식이나 질서를 파괴하는 과정이 필요하다는 뜻이다. 물론 새로운 문화나 문명을 만드는 사람들은 이미 그 전의 문화나 문명에 익숙해져 있는 대중들의 비난과 외면을 피할 수 없다. 그러나 시간이 흐르면 결국 인정을 받게 되고,

사람들은 그들을 기억하고 칭송하게 된다. 애플의 창업자 스티브 잡스가 그 대표적인 예이다.

이렇듯 세상을 바꾼 것은 소수의 창조자들이다.

〈파괴와 창조〉라는 단어가 아깝지 않은 인물이 있다. 바로 비디오 아티스트 백남준이다.

1960년 독일의 한 콘서트홀에서 있었던 일이다. 쇼팽을 연주하던 백남준은 갑자기 연주를 중단한 채 울음을 터트렸다. 급기야 피아노를 마구 부수더니 이내 객석으로 뛰어 내렸다. 객석에 있던 사람들은 모두 깜짝 놀랐다. 하지만 잠시 후 더 놀라운 일이 벌어졌다. 백남준이 그의 음악적 스승이었던 미국의 전위음악가 존 케이지의 셔츠와 넥타이를 가위로 잘라버린 것이다. 또한 옆에 앉아 있던 피아니스트 데이비드 튜더의 머리에 샴푸를 가득 부었다. 이를 본 음악가 스톡 하우젠이 봉변을 당할까봐 두려워 뒷걸음질 치자 백남준은 그를 향해 큰소리로 외쳤다.

"너 따위는 필요 없어, 가버려."

그리고는 공연장을 유유히 빠져나가 인근의 술집에서 맥주를 한 잔 마신 후 공연장으로 전화를 걸어 이렇게 말했다.

"저 백남준입니다. 퍼포먼스는 이제 끝났습니다."

그의 퍼포먼스는 단순한 돌출행동이 아닌 철저히 계획된 것이었다. 피아노와 넥타이, 샴푸는 이성 중심과 남성우월주의에 대한 도전이었고, 객석으로의 진출은 무대에만 한정된 공간을 객석으로 확장시킨 것이었다.

파괴하고 창조하는 작업이 단지 예술가의 전유물은 아니다. 기업도 그것이 필요하다. 파괴와 창조를 끊임없이 반복하지 않으면 글로벌 경쟁 환경 속에서 살아남기 어렵다. 기존의 상식을 뒤집고 성공한 사례가 그 반증이다. 롯데제과 〈자일리톨 껌〉과 만도위니아 김치냉장고 〈딤채〉가 그 대표적인 예이다.

자일리톨 껌은 포장부터가 기존의 제품들과 달랐다. 기존의 껌은 모두 종이 포장지로 싸여 있었지만 자일리톨 껌은 마치 의약품인 것처럼 약통과 같은 용기 아니면 알약을 먹듯 포장을 눌러서 뜯어먹도록 했다. 그러다 보니 제품 그 자체도 경쟁력이 있었지만 포장지의 남다른 차별화 역시 큰 인기를 얻는데 한 몫 했다.

〈딤채〉 역시 마찬가지다. 김치냉장고라는 것을 처음 세상에 내놓았을 때, 사람들은 모두 고개를 갸웃거렸다. 냉장고가 있는 데 굳이 김치냉장고가 필요할까라고 생각했기 때문이다. 그러나 〈딤채〉는 그런 우려를 말끔히 씻어냈을 뿐만 아니라 김치냉장고 돌풍을 일으켰다. 우리나라의 특성상 냉장고의 대부분을 김치가 차지하고 있기 때문에 김치냉장고를 따로 만들면 좋겠다는 판단이 소비자의 마음을 사로잡은 것이다.

이는 기존의 틀을 깨는 기업만이 살아남을 수 있고, 소비자의 마음과 인식을 선점할 수 있다는 사실을 잘 말해주고 있다.

다음은 헨리 뉴웬의 〈죽음, 가장 큰 선물〉이라는 작품의 일부이다.

어머니 자궁 안에 있는 이란성 쌍둥이가 대화를 나누고 있었다.
여동생이 오빠에게 말했다.

“오빠, 태어난 후에도 분명 삶이 있을 거야.”

“아니야, 동굴 속 같은 이곳이 전부야.”

“그렇지 않아. 분명 이 캄캄하고 답답한 곳보다 더 좋은 곳이 있을 거야. 마음껏 움직일 수도 있고, 환한 빛이 비치고 말이야.”

“과연 그런 곳이 있을까?”

“그래, 있을 거야. 우리 한 번 밖으로 나가볼까?”

새로운 세상을 원한다면 동굴 밖으로 나와야 한다. 파괴를 통해 다시 태어나야 하는 것이다. 비난이나 외면을 두려워하면 영원히 동굴 속에서 발버둥치는 삶을 살게 될 수밖에 없다. 그러나 기존의 틀과 질서를 깨고 밖으로 나오면 인생의 찬란한 빛을 보게 될 것이다.

세계적인 미래학자 엘빈 토플러는 한 언론과의 인터뷰에서 이렇게 말한 바 있다.

“조금 뜬금없는 소리라고 생각할지 모르지만 좋은 친구를 많이 사귀는 것이 견문과 사고의 폭을 넓히는데 많은 도움이 된다. 특히 상식적인 유형에 속하지 않을 수도 있는 굉장히 특이한 사람들에게 마음을 열면 재미있는 세상을 만날 수 있다.”

마음의 창고에 욕심 대신 행복을 채워라

‘물질’하면 곧 돈이 연상된다. 돈이 많으면 좋겠지만 그것에 집착해선 안 된다. 뭐든지 지나치면 그건 곧 불행의 시작을 의미하기 때문이다.

한 구두쇠가 있었다. 그는 돈을 모아 금덩어리를 샀고, 그것을 잃어버릴까봐 앞마당에 땅을 파서 묻어두었다. 그렇게 모아둔 금덩어리가 무려 백여 개에 가까웠다.

어느 날, 그 얘기를 전해들은 자선 사업가 한 명이 찾아와 자신의 일에 동참할 것을 부탁했다. 그러나 그는 단호하게 거절했다. 그러나 며칠 후 구두쇠의 집에 도둑이 들어 그 많은 금덩어리를 모두 잃고 말았다. 그는 대성통곡하며 슬퍼했다. 그 모습을 본 자선 사업가는 이렇게 말했다.

"너무 슬퍼하지 마세요. 어차피 사용하지도 않을 금덩이인데 뭘 그렇게 슬퍼하세요. 금덩어리 대신 돌멩이를 채워두며 되지 않소?"

내 것을 버릴 줄 알고, 내 것을 양보하고, 내 것을 남에게 주는 것이 더 이상 손해 보는 일만은 아니다. 어쩌면 지금과 같은 시대에는 버릴 줄 아는 사람일수록 더 많은 행복을 누릴지도 모른다.

이제 더 이상 마음의 방에 뭘 채워야할지 걱정하지 마라. 내 방에 없어도 될 것, 굳이 붙들고 있지 않아도 될 것이 무엇인지 먼저 생각해야 한다. 그리고 그것들을 과감하게 방 밖으로 내보내라. 그러면 마음의 방에 환한 빛이 드리우고, 삶 역시 한결 더 밝아질 것이다.

돈이 많은데
왜 행복하지 않을까

사회심리학자인 미국 스탠퍼드 대학 제니퍼 아커 교수는 멜라니 러드 휴스턴대학 부교수, 마이클 노튼 하버드대학 부교수와 함께 '언제 사람이 행복을 느끼는지'에 대해서 조사했다. 그 결과, '다른 사람들을 위해서 좋은 행동을 하는 것이 가장 큰 행복감을 초래하는 것'으로 나타났다. 이에 대해 아커 교수는 "사회 공헌은 상대에게 행복을 줄 뿐만 아니라 자신도 행복을 느끼며 목표를 달성할 때 그 행복감은 더 커진다"고 말했다.

'석유왕'하면 단연, 록펠러가 떠오른다. 그는 19세기 석유사업으로 막대한 부를 얻었다. 그 당시 그가 번 돈을 지금의 가치로 환산하면 약 190조 원에 이른다. 하지만 문제가 있었다. 그렇게 많은 돈을 가지고 있는데도 전혀 행복하지 않다는 것이었다.

'왜 이렇게 마음 한구석이 허전할까?'

그러던 어느 날 그에게 시련이 찾아왔다. 건강검진을 받았는데 병원으로부터 충격적인 결과가 날아든 것이다.

"일 년을 넘길 수 없을 것 같습니다."

그는 다시 한 번 검진을 받기 위해 다른 병원을 찾았다.

그런데 그 병원 입구에서 작은 소란이 벌어졌다. 입원을 해야 하는데 돈이 없어서 입원을 하지 못하는 사람이 있었던 것이다.

이에 록펠러는 비서를 시켜 병원비를 대신 지불하라고 했다. 그 순간, 그는 지금까지 살면서 느끼지 못했던 색다른 기쁨을 맛보았다.

'아, 이런 것이 바로 행복이구나.'

그제야 그는 받는 것보다 주는 것이 더 큰 행복임을 깨닫고, 그때부터 나눔의 삶을 즐기며 살았다. 이에 주위에 가난으로 고통받는 사람들에게 도움을 주었으며, 재단을 만들어 본격적인 나눔을 실천했다. 이런 그의 선한 마음이 하늘에 전해졌던 것일까. 그의 불치병은 기적처럼 치유되었고, 무려 98세까지 살게 되었다.

죽음 직전에 그는 아주 행복한 표정으로 이렇게 말했다.

"나는 인생 전반기 55년은 돈과 일에 쫓기며 살았지만 후반기 43년은 행복하게 살았습니다. 그래서 내 인생은 참 아름답습니다."

　몇 년 전, 영국의 심리학자 로스웰과 인생 상담사 코언이 행복지수를 재는 공식을 발표했다. 그 결과, 세계 최빈국으로 꼽히는 방글라데시가 행복지수 1위를 차지했다. 그 이유는 과연 뭘까.

　로스웰과 코언의 공식에 의하면, 개인적인 특성(P)보다 건강, 돈, 인간관계와 같은 생존조건(E)이 5배 더 중요하다고 한다. 하지만 그보다 3배 더 중요한 것이 야망이나 자존심, 기대감, 유머 같은 고차원의 상태(H)이다. 결국, 행복은 '마음'에 달려 있다는 것이다.

만일 당신에게 100명을 먹여 살릴 능력이 없다면,
단 한 사람만이라도 좋으니 베푸십시오.

실패한 사람들을 돕는 것은
마치 왕과 같은 행동입니다.

자기를 좋아하는 사람도
필요로 하는 사람도 없다고 느낄 때
찾아오는 고독감은 빈곤 중에서도 가장 큰 빈곤입니다.

가끔씩 우리가 하는 일은
넓은 바다의 한 방울의 물처럼

사소하고 하찮게 여겨질 때가 있습니다.
그러나 그 한 방울의 물이 그 자리에 없게 된다면
넓었던 바닷물의 부피도 그 양만큼 줄어들게 되겠지요.

용서함으로써 용서받을 수 있습니다.

누군가가 당신을 만났다면
당신을 만나기 전보다 더 즐거운 마음으로
돌아갈 수 있도록 해야합니다.

-영화 〈마더 테레사〉 중에서

인생은 어차피 무거운 짐을 지고 먼 길을 가는 것과 같다.
그러니 결코 서두를 필요가 없다.
- 도쿠가와 이에야스

가끔씩
삶의 간격이 필요하다

아무리 사랑하는 사람이라도 늘 함께 있으면 마찰이 일어날 수 있다. 세상을 바라는 보는 관점이나 생각이 항상 똑같을 수 없기 때문이다. 때문에 때로는 약간의 간격이 필요하다. 그리워하고, 다시 한 번 생각해볼 만큼의 간격 말이다. 고슴도치를 보라. 너무 가까우면 서로에게 상처를 준다. 따라서 적당한 거리를 유지하며 사랑해야 그 사랑을 오랫동안 지속할 수 있다.

아주 노래를 잘 하는 여가수가 있었다. 그런데 어느 날 아침 죽은 채로 발견되었다. 경찰은 여가수가 죽은 이유를 다각도로 점검하고 조사했다. 그러나 아무리 애를 써도 죽음의 단서를 찾을 수 없었다. 그러던 차에 신참 형사 한 명이 여가수가 죽은 이유를 비로소 밝혀 냈다.

여가수가 죽은 이유는 바로 악보 때문이었다. 악보를 자세히 들여다보니 쉼표가 하나도 없었던 것이다. 쉼표가 없는 악보로 노래연습을 하다 그만 숨이 차서 죽은 것이다.

쉼표 없는 악보로는 노래를 할 수 없다. 뭐든지 '쉼'이 필요하다. 멈춰야 할 때 멈추고 쉬어야 할 때 미련 없이 쉬어야 한다. 우리의 삶역시 마찬가지이다.

한 연구 보고서에 의하면, 4개월 동안 매주 3회 이상 '하루 한 시간씩 산책을 한 사람'과 '아무런 운동도 하지 않고 일만 한 사람'에 대해 사물에 대한 반응검사를 실시한 결과, 사물에 대한 관찰력, 기억력 등에서 산책을 했던 사람들이 훨씬 더 뛰어난 능력을 보인 것으로 나타났다. 이처럼 휴식은 육체적인 안정뿐만 아니라 정신적인면에서도 큰 도움이 된다.

지쳤을 때 쉴 수 있는 나만의 비밀장소가 있는가?

나만의 비밀장소가 있는가? 나는 나만의 비밀스런 장소가 있다. 카피라이터라는 직업을 접고 작가의 길로 들어섰을 때 참으로 많은 갈등이 있었다. 가장 큰 문제는 역시 먹고 사는 문제였다. 과연 글만 쓰면서 먹고 살 수 있을지, 가족들을 잘 보살필 수 있을지 고민이 꼬리에 꼬리를 물었다. 몇 개월의 시간을 그렇게 흘려보냈다. 그리고 어느날, 이제는 더 이상 늦출 수 없다는 생각에 나만의 장소를 찾았다.

어느 날, 나는 훌쩍 그곳으로 떠났다. 망해사(望海寺)였다. 망해사는 전북 김제에 위치한 아담한 사찰로, 그곳에 가면 마음이 저절로 편안해지고 고요해진다.

망해사는 어른 손바닥만 한 아주 작은 절이다. 아미타불을 모신 극락전과 비구니 몇 분이 기거하는 낙서전, 그리고 나무 한 그루가 전부이다. 이 절이 특별한 이유는 절과 바다가 맞닿아있기 때문이다. 절에서 내려다보면 서해바다가 눈앞 가득 펼쳐진다. 갈매기가 손짓한다고 자칫 손을 뻗었다간 바다에 빠질지도 모를 만큼 바다가 가깝다.

연애시절, 나와 집사람은 이곳을 자주 찾았다. 그래서인지 이곳에 올 때마다 풋풋한 그리움이 가득 묻어나곤 한다.

그 날도 나는 내 인생에 가장 아름답고 행복했던 시절이 고스란히 젖어 있는 이곳에 서서 한참동안 서해의 낙조를 바라보았다. 그리고 힘들겠지만 작가의 길을 가기로 결심했다. 이에 내게 있어 망해사는 모든 것의 시작이자 끝이기도 하다.

> 쉴 새 없이 어둠을 내뿜는 잔주름 깊은 바다
> 잔불 소리도 없이 내 속을 비워내고
> 바닷바람 소리 없이 범종을 흔드는 망해사
> 아무 말 없이 바다 위로 단청을 털어내고 있다.
>
> – 이병옥 〈망해사〉

자신만의 비밀장소가 있다는 것, 더구나 그 비밀장소가 쉼은 물론 치유의 공간이라면 그것만큼 멋진 곳도 없을 것이다. 살면서 그런 장소 하나쯤은 만들어놓는 건 어떨까.

삶에 브레이크를 걸줄 알아야 한다. 그래야만 더 오랜 시간, 더 멀리 나아갈 수 있다. 휴식은 결코 멈춤이 아니다. 더 멀리 뛰기 위한, 더 빠르게 달리기 위한 준비과정이다.

쉬는 동안 지치고 고단한 육신을 추스르고 지금까지 걸어왔던 길을 한번쯤 되돌아보며 천천히 점검할 필요가 있다. 그래서 만일 그 길이 아니라면 바른 방향으로 선회해야 한다. 아울러 자신보다 먼저 인생을 살아본 사람들을 만나 조언을 구하거나 그들의 삶을 들여다보는 지혜 역시 필요하다.

프랑스의 수학자이자 철학자인 파스칼은 "인간의 모든 불행은 단 한 가지, 고요한 방에 들어앉아 휴식할 줄 모르는 데서 비롯된다."고 말한 바 있다.

쉬는 것에 대해 불안해하는 사람들이 간혹 있다. 일명 '워커홀릭' 이 바로 그들이다. 그들은 일에 미쳐있다. 물론 어떤 일에 미친다는 것은 참으로 멋있고 아름다운 일임에 틀림없다. 하지만 그렇다고 해서 너무 일에만 빠진다면 그 삶을 과연 성공한 삶이라고 할 수 있을까?

가끔씩 삶에 브레이크를 걸어라

지나친 중독은 타인을 힘들게 하기도 한다. 나 역시 일에 미쳐 산 적이 있다. 눈만 뜨면 컴퓨터를 켜고 자판을 두들겼다. 회사에선 하루 종일 카피를 쓰고, 집에 오면 밤새 글을 썼다. 밥 먹는 시간도 아까웠다. 하지만 내 바람과는 달리, 내 삶과 정신은 점점 더 황폐해지고 메말라갔다. 인간관계 역시 마찬가지였다. 이에 참다못한 아내가 화를 낸 적이 있다.

"일요일에는 제발 좀 쉬어. 나랑 얼굴 보고 얘기 좀 하자."

미안한 일이지만 그때 당시엔 아내의 말이 전혀 귀에 들어오지 않았다.

그러던 어느 날, 나는 끝내 한계에 도달하고 말았다. 코피를 쏟으며 머리를 컴퓨터 자판에 처박고 만 것이다. 육신을 혹사시킨 대가였다.

그 일이 있은 후, 나는 많은 생각을 하게 되었다. 가족을 위해서 일한다고 했지만 정녕 아내와 아이는 그리 행복해 하는 것 같지 않았기 때문이다.

카피라이터 생활을 접고 작가의 길에 들어선 후 일 년 동안은 줄곧 글 쓰는 일에 목숨을 걸었다. 가장이라는 중압감 때문이었다. 남들은 못 들어가서 안달인 좋은 직장을 그만두고 글을 쓰겠다고 유유히 회사 문을 나왔을 때, 누구도 나를 이해하지 못했다.

하지만 당시엔 글 쓰는 것에 대한 욕망이 너무도 강했고, 그것이 행복이라고 생각했다. 그러나 그 행복은 곧바로 처자식을 먹여 살려야 한다는 중압감과 과도한 성취욕으로 변하고 말았다.

나는 쫓기듯 글을 썼다. 직장 다닐 때보다 더 많은 시간을 글쓰기에 할애했다. 잠시라도 쉰다는 것을 내 스스로 용납할 수 없었다. 고정적인 월급이 있는 것도 아니었기에 매일 뭐든지 써야 했다. 내 안의 평온함은 이미 온데간데없고 쉬는 것 자체가 사치스럽다는 생각

마저 들었다. 하지만 기계도 계속 돌리면 마모되고, 자동차도 계속
달리면 결국 멈추고 말듯 나 역시 결국 한계에 이르고 말았다.

일이 내가 되어버린 삶에서 벗어나야

우리가 일을 하고 돈을 버는 이유는 행복해지기 위해이다. 하지만
일하는 시간이 많다고 해서 반드시 성과가 좋은 것은 아니다. 중요
한 것은 창의성과 순간 집중력이다. 그만큼 일과 휴식의 조화가 중
요하다.

나는 이제 휴일에 휴대폰을 꺼놓는다. 처음엔 혹시라도 중요한 곳
에서 전화가 오지 않을까, 불안하기도 했지만 시간이 지나니 저절로
마음이 편안해졌다. 신경 쓰지 않고 맘대로 쉴 수 있게 되었기 때문
이다. 이제 그 시간에 집안 청소를 하거나 아내와 장을 보러 간다. 그
리고 가끔씩 문화생활을 즐기며 새로운 아이디어를 얻는다.

연애시절, 내가 일에 열중하는 모습을 보고 아내는 참 멋져 보인
다고 했다. 그러나 지금은 그렇지 않다. 일에 파묻혀 사는 모습이 안
쓰럽기도 하고 좀 답답해 보이기까지 한다고 했다. 하지만 그것이
어찌 내 모습뿐이겠는가. 지금 이 시대를 사는 우리 대부분의 모습
이 아닐까.

일이 내가 되어버린 삶, 그것은 더 이상 내가 아니다. 내가 있는
다음에야 일도 있는 것이다.

소중한 것들을 놓치며
살아가고 있진 않는가

'열심히 일한 당신, 떠나라~'라는 TV CF가 있었다. 일과 피곤에 지친 직장인들의 가슴을 울렸던 광고였다. 그렇다면 직장인들이 이 말에 공감했던 가장 큰 이유는 뭘까? 답답한 직장생활에서 벗어나고픈 욕망과 휴식에 대한 간절한 바람 때문은 아니었을까. 그도 그럴 것이 지금까지 우리는 치열한 경쟁 사회에서 살아남기 위해 브레이크가 아닌 가속 페달을 밟아대며 한 치의 양보도 없이 앞만 보며 질주했다. 그 결과, 행복했는가? 많은 사람들이 '아니오'라고 말한다.

"하루를 가장 근사하게 보내는 방법 중 하나는 당신의 삶 앞에 놓인 모든 것들을 천천히 맛보는 것이다"라는 알렉산더 그린의 말이 있다. 하지만 애석하게도 우리는 너무 빨리 달리고 있다. 그런 나머지 주변에 뭐가 있는지 천천히 돌아볼 여유조차

누리지 못한 채 소중한 것들을 놓치며 살아가고 있는 것은 아닐까.

조금만 더 여유를 갖고 삶을 바라보자. 우리가 놓쳤던 삶의 소중한 것들과 마주한 순간, 우리의 삶도 다시 태어나게 될 것이다.

삶이란 표지판 없는, 낯선 길을 걷는 것과도 같다. 가끔은 생각지도 못한 벽에 가로 막히기도 하고, 장애물이 나타나 걸려 넘어지기도 하며, 생각지도 못한 일로 상처받기도 한다. 누구나 실수를 하고, 실패를 경험하며, 시행착오를 겪는다. 그럴 때마다 우리가 해야 할 일은 다시 일어나 목표를 향해 달리는 것이다.

방향만 분명하다면, 힘들 때 잠시 멈춰 쉬었다 가도 좋다. 중요한 건 속도가 아니라 방향이기 때문이다.

박범신의 《젊은 사슴에 관한 은유》를 보면 휴식과 관련해서 다음과 같은 내용이 나온다.

휴식은 정숙하고 여유로우며 아름다워야 한다.
그것은 조용한 침묵의 눈빛으로
바쁘게 달려온 삶의 관성이
우리 몸에 선물한 물집들을 들여다보는 일이다.
중국 전한의 역사를 기록한 《한서》엔 휴식을 가리켜 허리띠를 늦춰

맨다는 뜻으로 '완대'라 표현하고 있다.

이제 가을이다.

우리가 맺었다고 생각한 열매들은 과연 속이 찼는가.

올 가을엔 아름다운 휴식 속에서 그것을 들여다보자.

　바로 우리의 이야기이다. 이 글과 함께 기차를 타라. 그리고 멋진 휴식을 즐기며 자신의 생각과 꿈, 몸을 재충전하자.

우리가 수레바퀴의 몸체를 만들긴 하지만
정작 마차를 굴러가게 하는 건 바퀴 중심에 있는 텅 빈 공간이다.
그런 공간이 없으면 수레는 결코 굴러가지 못한다.
우리가 찰흙을 빚어 그릇을 만들긴 하지만
그 그릇이 제 구실을 하려면 그릇의 속이 비어야 한다.

– 노자

우리가 짊어진 가방 속에는
필요 없는 것이 너무나 많다

어린 시절 집안이 좀 부유했던 한 친구 녀석은 하루에 우유를 다섯 개씩 들고 다니면서 수시로 마시곤 했다. 아침에 일어나자마자 하나, 아침밥을 먹고 또 하나, 점심밥을 먹고 또 하나, 저녁 먹고 난 후 또 하나, 그리고 자기 전에 마지막으로 하나를 더 마셨다. 그래서인지 몰라도 덩치가 또래 친구들보다 훨씬 더 컸다. 그때만 해도 '잘 살면 체격이 좋다'라는 공식이 어느 정도 성립되고 인정받던 시절이었다.

하지만 세월은 참 많은 것을 바꿔놓았다. 이제 체격보다는 체력을 중요시하는 시대가 되었다. 넉넉하고 인자한 인격으로만 생각했던 뚱배는 이제 게으름의 상징이 되어버렸다. 이에 어디를 가도 대우를 받지 못한다. 옷을 사러 옷가게를 가도 뚱뚱한 사람을 위한 옷은 그리 많지 않다. 디자인이 맘에 들어 사려고 하면 몸에 맞는 치수가 없는 경우가 많다. 그래서인지 언제부터인가 뚱뚱한 사람을 바라보는 시선이 그리 곱지 않다. 멸시는 기본이고 게으른 사람이라는 낙인까지 받아야 하기 때문이다.

비만은 병이요, 게으름이 낳은 사생아다. 하지만 주위를 살펴보면 비만은 자기 탓이 아니라고 말하는 사람을 적지 않게 볼 수 있다.

"나는 물만 먹어도 살이 찌는 체질이야."

"스트레스가 하도 많아서 어쩔 수 없이 먹었더니 이렇게 되어 버렸어."

하지만 언제까지 이런 허접스러운 변명만 늘어놓을 순 없다. 불필요한 건 버려야 한다. 더 이상 몸에 불필요한 열량을 담아놓아선 안 된다. 그 넘쳐나는 열량이 몸 안에 독소를 만들고 세포에 돌연변이를 일으켜 병을 만들고 키우기 때문이다.

삶을 다이어트 하라

한 뚱보가 있었다. 그의 나이는 48살. 하루 종일 햄버거를 입에 달고 살았으며, 매 끼니마다 고기가 보이지 않으면 마음이 허전해 밥을 먹을 수가 없었다. 남이 권한 음식은 사양하지 않았고, 음식을 남기는 것을 용서할 수 없었다. 그렇게 닥치는 대로 먹기 시작한 끝에 몸무게가 자그마치 112Kg에 이르게 되었다.

그는 사회적으로는 어느 정도 성공을 거두었지만 불행하게도 삶에서는 그러지 못했다. 항상 몸무게가 삶에 걸림돌이 되었다.

"당신 같은 뚱보와는 살기 싫어요. 우리 이혼해요."

결국 그는 세 번째 부인에게서마저 이혼을 당했다. 그 후 이전보다 더 게으른 생활이 이어졌고, 급기야 삶의 시스템마저 서서히 무너지기 시작했다.

그러던 어느 날, 그는 달라져야겠다고 생각했다. 이대로 살다가는 자신의 장점인 자신감마저 잃을 수 있다는 사실을 깨달은 것이다. 이에 지금까지 비만을 부추겼던 게으름과 나태함을 버리기로 결심하고 본격적인 다이어트에 돌입했다.

그가 선택한 것은 달리기였다. 이에 어떤 치료도 받지 않고, 어떤 약물도 복용하지 않았으며, 특별한 식이요법도 하지 않았다. 오직 한 가지, 무조건 달렸다. 달리면 달릴수록 과거 뚱뚱했던 자신과 멀어지는 듯 했다. 아무리 빡빡한 일정이 있더라도 잠시 짬을 내서 규칙적으로 달리기를 했다. 그 결과, 50살에 독일 함부르크에서 열린 마라톤 대회에 참가, 처음으로 완주에 성공했고, 워싱턴, 뉴욕, 리우, 예루살렘, 로마, 런던 마라톤 대회에도 참가했다. 그의 두 다리는 항상 바쁘게 움직였고, 이에 맞추어 그의 삶 역시 전진했다. 결국, 그는 멋지게 다이어트에 성공했을 뿐만 아니라 새로운 인생을 맞이하게 되었다.

그가 바로 고등학교 중퇴의 학력에 독일 연방공화국의 부총리 겸 외무부 장관을 지낸 독일에서 가장 인기 있는 정치인 1위에 꼽힌 요쉬카 피셔이다.

그는 다이어트를 통해 마라톤이라는 새로운 즐거움을 얻었을 뿐만 아니라 과거보다 더 적극적인 삶과 행복한 미래를 준비할 수 있었다.

행복해지는 데는 그리 많은 것이 필요하지 않다

살을 뺀다는 것은 단지 저울의 바늘을 낮추는 것만을 의미하지 않는다. 과거의 자신을 버리고 새로운 나를 만들겠다는 강력한 의지의 표현이기도 하다.

하지만 어디 줄여야 할 것이 살뿐이겠는가. 말도 줄여야 한다. 대화를 나눌 때, 남을 설득할 때, 너무 많은 말을 하면 필요 없는 말이 섞여 나오기 쉽다. 그럴수록 말의 힘도 약해진다. 따라서 불필요한 말보다는 전하고자 하는 핵심만을 분명하게 전달하는 연습이 필요하다.

알베르트 아인슈타인 교수에게 한 학생이 물었다.

"교수님, 교수님 같은 위대한 과학자가 되려면 어떻게 해야 합니까?"

이에 아인슈타인은 얼굴 가득 미소를 지으며 다음과 같이 말했다.

"입을 적게 움직이고, 머리를 많이 움직이게."

사람이 태어나서 말을 배우는 데는 2년이 걸리지만 침묵을 배우기 위해서는 60년이 걸린다고 합니다. 그만큼 우리는 많은 말을 하면 살고 있는 것이다.

이런 얘기도 있다.

　J. 에인젤은 무려 38년 동안 미시건대학 총장을 지냈다. 그가 은퇴할 즈음, 기자회견이 열렸는데 한 기자가 그에게 물었다.

　"오랫동안 그 어려운 총장 자리를 지킬 수 있었던 비결이 무엇입니까?"

　이에 그는 이렇게 대답했다.

　"나팔보다 안테나를 높이는 것입니다."

　사람이 태어나서 말을 배우는 데는 3년이면 충분하다. 그러나 침묵을 배우기 위해서는 한평생이 걸린다. 그러니 말을 줄이면 행동의 폭이 넓어져 그만큼 더 많은 것을 성취할 수 있다.

쓸 데 없는 곳에 너무 많은 힘을 쏟고 있는 것은 아닌가

　업무 역시 마찬가지이다. 형식적인 겉치레나 불필요한 결제로 업무의 효율성을 떨어뜨려선 안 된다. 불필요한 것은 과감히 버려야 한다.

　'청소력 연구가'로 알려진 일본의 마스다 마쓰히로는 그의 저서 《청소력》 출간을 기념하는 강연회에서 다음과 같이 말한 바 있다.

　"여러분, 청소력은 과연 무엇일까요? 저는 여러분들이 그것을 이미 모두 경험했으리라고 생각합니다. 더러운 방, 난잡한 방이 있으면 자신의 기분이 네거티브하게 됩니다. 에너지가 분산되기 때문입니다. 마찬가지로 정리가 잘 안 되면 일의 능률 역시 떨어지게 됩니다. 하지만 주변을 깨끗이 하고, 불필요한 물건은 버리고, 정리정돈을 하게 되면 분산된 에너지가 다시 집중됩니다. 이 집중된 공간에서 일을 하거나 공부를 하게 되면 당연히 효과가 그만큼 좋아질 것입니다. 우선, 마이너스를 제거하는 청소력을 실천하십시오. 청소력과 마음의 법칙을 잘 활용하면, 인생은 반드시 호전됩니다. 제가 그것을 보장하겠습니다.”

이에 그는 다음과 같은 청소력의 세 가지 필수요건을 제시했다.

- 버리기 - 불필요한 것을 모두 버리고 쓸모 있는 정보만 추려 내라.
- 닦기 - 자신감만 남기고 마음 속의 모든 분노와 후회를 털어 내라.
- 정리정돈 - 일의 우선순위를 바로잡아라.

직장인이라면 누구나 한 번쯤 보고서를 작성해본 적이 있을 것이다. 나 역시 그런 경험이 적지 않다.

카피라이터로 일할 당시, 나는 힘들게 쓴 한 줄의 카피를 통과시키기 위해 나름대로 전략적인 보고서를 작성해 상사에게 내밀곤 했다. 딸랑 카피 한 줄만 내보이면 왠지 성의 없이 보이고 설득력이 없을 것 같았기 때문이다. 그러나 상사는 전략적인 보고서 따위엔 그다지 관심이 없었다.

“김카피, 이런 거 쓸 힘이 남아있으면 죽이는 카피 하나 더 쓰도록 해.”

그럴 때마다 나는 괜히 얼굴이 붉어지곤 했다. 그리고 보니 상사에게 잘 보이기 위한 보고서 작성에 너무 많이 힘을 뺀 것 같기도 했다. 즉, 쓸데 없는 데 힘을 너무 많이 쓴 것이다.

버릴수록 삶은 가벼워지고 행복은 커진다. 나아가 우리가 행복해지는 데는 그리 많은 것이 필요하지 않다. 세계 최고 선진국인 미국이나 독일 사람들보다 방글라데시 사람들이 훨씬 더 행복하다고 느낀다는 것이 그 방증이다.

그릇에 물을 너무 많이 담으려고 하지 마라. 결국 그것이 넘쳐 흐르게 되면 정작 중요한 것은 담을 수 없을지도 모른다.

버릴수록 더 가벼워지고
행복은 더욱 커진다

경허 큰스님과 제자 만공이 탁발한 곡식을 걸망에 짊어진 채 돌아가던 길이었다. 하루종일 돌아다닌 탓에 몸 여기저기가 쑤시고 무척 고단했다.

만공이 한숨을 내쉬며 경허 큰스님께 말했다.

"휴~, 큰스님, 너무 힘듭니다. 더 이상은 못가겠습니다."

그러자 경허 큰스님이 말했다.

"버려라!"

"예, 버리라니요? 뭘 버리라는 말씀입니까?"

"둘 중에 하나는 버려라. 무겁다는 생각을 버리던지 아니면 걸망을 버리던지."

그러자 만공이 의아하다는 듯 고개를 내저으며 말했다.

"고생해서 탁발한 곡식을 어찌 버립니까? 또한 무거운데 어떻게 그 생각을 버립니까?"

마침 그때 한 아낙이 두 사람 곁을 지나갔다.

이에 경허 큰스님이 갑자기 아낙에게 달려들어 입을 맞추는 게 아닌가.

아낙은 '으악'하고 소리를 질렀다.

경허 큰스님의 행동을 지켜보던 만공은 깜짝 놀라 두 눈이 휘둥그레졌다.

"스, 스, 스님! 이게 무슨 일이십니까? 여기 계시다간 큰 일 나겠습니다. 어서 가시지요."

경허 큰스님과 만공은 뒤도 돌아보지 않고 한동안 앞만 보고 달렸다. 한참을 달리자 숨이 턱 끝까지 찼다.

"이제 됐습니다, 큰스님. 그런데 왜 그런 몹쓸 짓을 하셨습니까?"

그러자 경허 큰스님이 웃으며 말했다.

"만공아, 이제 어떠냐? 아직도 걸망이 무겁더냐?"

"아, 아, 아니요."

그제야 만공은 고개를 끄덕이며 큰스님의 가르침을 깨달았다.

인생에는 진짜로 여겨지는
가짜 다이아몬드가 수없이 많고,
반대로 알아주지 않는
진짜 다이아몬드 역시 수없이 많다.
– 타거 제이

누구도 알아주지 않는
그림자로 살지 마라

〈무한도전〉이라는 프로그램의 인기가 하늘을 찌르고 있다. 출연자들이 매회 색다른 도전을 하며 좌충우돌하는 모습이 재미를 줄 뿐만 아니라 감동까지 주기 때문이다.

출연자 모두 자신만의 색깔이 뚜렷한 점 역시 인기에 한 몫 하고 있다. 특히 유재석은 논리적이고 재치 있는 입담으로 리더의 역할을 톡톡히 해내고 있다. 박명수 역시 버럭 화를 내거나 호통을 치며 큰 웃음을 선사한다. 또 노홍철은 입만 열면 말이 끊이지 않는 수다스러운 역할로 분위기를 한층 업 시키며, 정준하는 다소 어눌한 말투와 멍한 표정으로 바보 캐릭터를 잘 소화해 내고 있고, 정형돈은 특출 난 특기나 개인기 없이도 자신의 존재감을 잘 드러내고 있다. 그렇게 각자의 캐릭터가 강하기 때문에 빈번히 재미있는 충돌이 발생한다. 만일 이들의 캐릭터가 비슷비슷하다면 시청자들의 눈과 귀를 즐겁게 만들지 못했을 것이다.

우리는 지금 무한경쟁 시대에 살고 있다. 씁쓸한 얘기지만 경쟁에서 지면 뒤처지고 살아가기 힘든 시대이다. 그러나 우리는 살아남아야 한다. 그러기 위해선 우선 실력을 쌓아야 한다. 하지만 실력 못지않게 중요한 것이 있다. 바로 그 실력을 뽐낼 수 있는 기회를 얻는 것이다. 그러자면 주목을 받아야 한다.

만일 당신이 한 회사의 일원이라면 그 회사 CEO와의 관계 유지가 무엇보다도 중요할 것이다. 그러나 큰 회사 같은 경우에는 일 년에 CEO의 얼굴 한 번 마주치기도 어려울 수 있다.

CEO는 회사 전체를 책임지고 운영해야 한다. 때문에 하루 종일 바쁘고 정신이 없다. 그러니 일일이 직원을 다 챙길 수도 없을뿐더러 직원의 성격이나 성향, 일에 대한 적극성 등 모든 것을 파악하기 힘들다. 그렇다고 해서 포기해선 안 된다. 인생을 드넓은 바다 속의 한 마리의 작은 물고기 같은 존재로 살아갈 수만은 없는 노릇 아닌가. 기회주의자라고 손가락질 받을 지도 모르지만 CEO의 눈에 띄는 것 역시 생존 전략 중 하나이다.

생각해보라. 수 백 마리의 오리떼 가운데 우아한 한 마리의 백조가 있다면 단연코 시선은 그 백조에게 쏠릴 것이다. 그러나 수 백 마리의 백조가 어디선가 나타난다면 시선을 끌었던 그 백조의 존재는 어느 순간 희미해지고 만다. 백조는 자신의 존재를 알리기 위해 분명 어떤 전략이 필요할 것이다. 빨간 페인트 통을 뒤집어쓴다든지 아니면 남보다 더 높이 까치발을 디뎌야 한다든지 등등.

비슷비슷한 무리 중에서 자신의 존재를 부각시켜야 한다. 때문에 지나친 겸손보다는 뻔뻔할 만큼 잘난 척 할 때도 때론 필요하다.

누구도 알아주지 않는 하얀 백조보다 눈에 띄는 빨간 백조가 되라

철강왕 카네기의 어린 시절 이야기는 우리에게 많은 것을 얘기해 준다.

카네기는 어느 날, 학교를 마치고 집으로 돌아가는 길에 한창 공사 중인 현장을 지나가게 되었다. 그곳에서 그는 사장으로 보이는 사람이 사람들을 부리는 모습을 지켜보았다. 사장의 옷차림은 유난히 화려해서 눈에 잘 띄었다. 카네기는 사장에게 다가가 물었다.

"여기 짓고 있는 게 뭔가요?"

"큰 빌딩을 지을 거란다. 우리 백화점과 다른 회사가 함께 들어설 거야."

"그렇군요. 다음에 커서 아저씨처럼 되려면 어떻게 해야 하나요?"

어린 카네기가 부러워하며 물었다.

"우선 열심히 일해야겠지."

"그건 저도 알아요. 어른들이 항상 그렇게 말하잖아요. 두 번째는요?"

"빨간색 옷을 입으렴."

영리한 카네기였지만 무슨 말인지 모르겠다는 듯 의아한 표정을 지었다.

"그게 성공과 상관있나요?"

"물론 상관있지."

사장은 손을 뻗어 공사장에서 일하는 사람들을 가리켰다.

"자, 저 아저씨들을 보렴. 모두 내 직원들인데 하나같이 푸른색 계통의 옷을 입고 있어서 난 누가 누구인지 전혀 분간을 못한단다."

그러고 나서 사장은 다른 한 직원을 가리켰다.

"저기 빨간 옷을 입은 사람이 보이지? 난 저 사람을 얼마전부터 유심히 지켜보고 있단다. 기술은 다른 사람들보다 별로 뛰어나지 않지만, 그래도 난 유독 저 직원만 눈에 들어오는 구나. 그래서 저 사람을 내 비서로 삼을까 한단다."

위 이야기에서 알 수 있다시피, 사장의 눈에 띈 직원은 빨간 옷을 통해 자신의 존재감을 알렸다.

앙드레김 역시 마찬가지다. 앙드레김을 생각하면 가장 먼저 떠오르는 게 바로 하얀 옷이다. 그는 공식석상에 항상 하얀 옷을 입고 등장했다. 만일 그가 하얀 옷을 고집하지 않고 다양한 색상의 옷을 입고 나타났다면 '앙드레김=하얀 옷'이란 관계는 사람들의 뇌리 속에 남아 있지 않을 것이다.

어쩌면 그가 전략적으로 하얀 옷을 입지 않았을 수도 있다. 하지만 앙드레김은 이미 사람들에게 개성 강하고 자신만의 독특한 세계가 있는 패션 디자이너로 각인되었다.

다른 사람들과 같기보다는 좀 낯설고, 생소하며, 독특한 자신만의 아이디어가 돋보일 때 성공은 성큼 다가와 손을 내밀 것이다. 남들과 다르다는 것은 자신감의 표출이며 새로운 무언가에 도전한다는 것이다. 아울러 살아 있다는 증거이기도 하다.

다른 사람의 시선 따위는 중요하지 않다

각 지역마다 꽤 많은 축제가 있다. 인제 빙어축제, 태백산 눈꽃축제, 소백산 철쭉제, 얼음골 사과축제, 함평 나비축제 등등. 한 번쯤 들어본 적이 있는 축제도 있지만 그러지 않은 축제도 꽤 많다.

그 중 함평 나비축제는 꽤 유명하다. 전남 함평의 인구는 4만 명밖에 되지 않는다. 그런데 이곳을 찾는 관광객은 연간 200만 명이 넘는다고 한다. 참으로 놀라운 일이다.

하지만 나비축제라는 이름으로 처음 축제를 열 당시, 참으로 우여곡절이 많았다고 한다. 곤충연구가 한 명과 군수가 나비축제를 제안했을 때, 군민들의 반응은 시큰둥했다. 너무 생소했기 때문이었다. 그런데 군수와 곤충연구가는 그 생소함이 차별화를 꾀할 것이라는 자신감이 있었다. 푸른 함평천지 1,000만 평에 활짝 핀 유채꽃과 꽃잔디 물결 사이로 수만 마리의 나비가 날아 어우러지는 감동의 세계를 펼칠 계획도 세웠다.

많은 사람들의 우려 속에서 첫 번째 축제가 시작되었고, 예상은 적중했다. 지친 도시인들에게 삶의 여유를 주고, 아이들에게는 나비의 환상적인 날갯짓을 통해 보다 자연을 가깝게 느낄 수 있는 계기를 마련해줘 축제는 대성공을 거두었다.

이렇듯 생존을 위해서라도, 아니 자신의 존재를 알리기 위해서라도 뭔가 달라야 한다. 그러므로 때로는 기존의 틀에 박힌 통념을 무시하거나 대부분의 사람들이 가는 길의 반대 길을 택할 필요도 있다. 남과 같으면 남과 같은 결과만 얻을 수 있기 때문이다.

물론 위험이 따를 수도 있다. 하지만 도전 의지와 믿음만 있다면 분명 다른 색깔을 낼 수 있을 것이고, 좋은 결과를 얻을 수 있다.

벤치마킹은 흉내 내는 것에 지나지 않는다. 성공한 기업이나 사람을 결코 뛰어넘을 수 없다. 그보다 더 좋은 성과를 얻고, 그것을 뛰어넘기 위핸선 자신만의 색깔을 내야 한다.

다른 사람들의 시선을 두려워하지 말고 자신 있게 빨간 옷을 입어라. 당신만의 확실한 개성을 표출하라. 그것이 당신을 다른 사람들과 다르게 만들 것고, 그럴수록 당신이 성공할 확률은 더 높아질 것이다.

누구나 색다른 것에 먼저 눈이 간다

한 제약회사에서 실시한 문학상의 심사위원으로 참가한 적이 있다. 주제는 '눈'에 관한 것이었다. 응모한 작품의 수는 어린이부, 청소년부, 일반부 통틀어 대략 300편이 넘었다. 그 많은 작품들 가운데 옥석을 가려내야 한다는 게 덜컥 겁이 나기도 했지만 나름대로 기준을 정하고 나니 좀 수월해졌다.

그 기준은 '차별화'였다. 대부분 글을 풀어가는 방식이 비슷비슷했다. 때문에 읽는 재미가 떨어질 뿐만 아니라 너무도 당연한 얘기로 결말을 맺고 있었다. 이에 좀 색다르게 서두를 풀어낸 것을 당선권 안에 넣을 수밖에 없었다. 물론 기본적으로 어느 정도 문학성은 갖춰져야 했지만.

이처럼 무슨 일이건 당선권에 들려면 어느 정도 전략이 필요하다. 그 작품을 뽑을 수밖에 없는 치밀한 구성과 차별화가 돋보여야만 그만큼 유리하기 때문이다. 따라서 이력서 한 장, 자기소개서 한 장 쓰는 것 역시 평범하게 생각해선 안 된다. 특히 취업은 어떤 마음으로, 어떤 전략을 쓰느냐에 따라 당락이 결정될 수도 있기 때문에 확실한 차별화 요소가 필요하다. 수 백, 수 천 장의 이력서 가운데 인사담당자의 눈에 띄기 위해선 다른 사람들과 같아선 안 되기 때문이다. 정직하게 있는 그대로를 보여줄 것인가, 아니면 기본 양식에서 좀 벗어나 색다르게 자기를 표현하느냐는 본인의 의지에 달려있다. 하지만 분명 알아둘 것은 누구나 모두 색다른 것에 먼저 눈이 간다는 것이다.

'내게도 과연 개성이 있을까?', '내게도 개성을 표현할 능력이 있을까?' 라고 고민하는 사람들이 분명 있을 것이다. 그런 사람들에게 오토타게 히로타다를 보라고 얘기해주고 싶다.

그는 베스트셀러《오체불만족》의 저자로, 현재 초등학교 선생님으로 있으면서 스쿠버 다이빙을 즐기고 있다. 아는 사람은 다 알겠지만 그는 손과 발 없이 몸통만 갖고 태어났다. 하지만 그런 몸을 단 한 번도 부끄럽게 생각하지 않았다. 부모님 역시 원망하지 않았다. 오히려 감사해 했다.

"부모님, 남들과 다른 몸을 주셔서 감사합니다. 굳이 꾸미지 않아도 이미 개성 있는 몸이잖아요."

그는 자신의 치부인 몸에서조차도 개성을 찾아냈다. 그런 생각과 마음가짐이 얼마나 아름다운가.

이 세상에 똑같은 건 단 하나도 없다. 비록 비슷할 진 모르지만 분명 다르다. 그러니 자신만의 개성을 발견하고 그것으로 인해 돋보일 수 있다면 인생이 더 즐거워지고 행복해질 것이다.

더 이상 망설이지 말자. 자신만의 개성을 지금 당장 찾아내고 표현하자. 아무리 찾아도 못 찾겠다면 머리 스타일이라도 바꿔보자. 처음엔 다 그렇게 시작하는 것이다.

고개를 들어 밝게 빛나는 태양을 봐라, 나를 집어 삼킬 듯이 노려보는 저 푸른 바다를 봐라, 그리고 그 끝에서 나를 기다리는 미래를 봐라.

자신의 이름 앞에 성공과 행복이라는 수식어를 달고 싶은가? 그렇다면 간절히 갈망하고 도전하라. 거기에 삶의 해답이 있다.

틀에 갇힌 삶,
그것이 진짜 당신의 삶인가

예전에는 행위 예술가를 보면 참으로 신기하고 독특하게 느껴졌다. 그러나 이제는 행위 예술가가 흔하다보니 언제부터인가 그 어떤 행동을 해도 신선하게 와 닿지 않았다. 그러던 중 좀 신선하게 다가온 행위 예술가가 한 명 있다. 바로 2000년부터 〈배추와의 산책〉이란 퍼포먼스를 해오고 있는 괴짜 예술가 한 빙(Han Bing)이 바로 그이다.

그는 강아지를 데리고 산책을 하듯 배추 하나를 줄에 묶고 중국의 방방곡곡을 돌아다녔다.

그의 이상한 행동을 보고 사람들은 모두 고개를 갸우뚱거리기 일쑤였다.

"왜 배추를 끌고 다니는 거야."

"그러게 말이야. 참 희한한 사람이야."

“혹시, 미친 거 아냐?”

심지어 어떤 사람은 미친 사람을 발견했다고 경찰에 신고까지 했다.

하지만 그런 수모까지 겪어가면서도 그는 그 행동을 멈추지 않았다. 단 한 번도 미술관을 찾은 적이 없는 수백 만 명의 시민들에게 이렇게나마 예술을 체험시켜주고 싶었기 때문이다.

어느 날, 한 신문 기자가 그에게 물었다.

“한빙 씨, 왜 그런 특별한 행동을 하는 겁니까?”

그러자 그는 미소를 지으며 말했다.

“사람들이 강아지를 데리고 산책하듯, 저는 틈나는대로 배추를 데리고 산책을 하는 것뿐입니다. 그것이 제게 특별한 일은 아닙니다.”

그렇게 말은 했지만 모든 예술가들에게는 작품 활동에 뚜렷한 목적이 있기 마련이다. 혹시 그는 퍼포먼스를 통해 이렇게 말하고 싶었던 건 아닐까.

“틀에 박힌 일상 속에 갇힌 자신의 모습을 거부하고 창조적인 삶을 살라. 그게 진짜 인생이다.”

세상의 틀에 나를 가두지 마라. 지금은 다양성과 개성이 중요한 시대이다. 이에 획일적이고 판에 박힌 행동에서 벗어나 자신만의 아이디어와 개성을 표출하는 사람만이 주목받을 수 있다.

굳이 빨간색 옷이 아니더라도 다른 사람과 똑같아 보이는 색은 피하는 것이 좋다. 아이디어 역시 마찬가지이다. 다소 엉뚱해 보이더라도 나만의 톡톡 튀는 아이디어가 있어야 한다. 그래야만 다른 사람의 시선이 더 오래 머물게 될 것임은 물론 성공의 기회도 그만큼 더 많이 잡을 수 있을 것이다.

자아의 신화를 이루어내는 것이야 말로
이 세상 모든 사람들에게 부과된 유일한 의무이다.
네가 무언가를 간절히 원할 때 온 우주는
자네의 소망이 실현되도록 도와준다네.
– 파울로 코엘료의 《연금술사》 중에서

삶이라는 사각의 링,
치열한 자만이 살아남는다

사람마다 제각각 스트레스를 푸는 방법이 있다. 나는 스트레스가 쌓이는 날이면 어김없이 케이블TV에서 방영하는 이종격투기를 보곤 한다. 소파 위에서 옆으로 길게 누워 땅콩을 주워 먹으며 TV를 보면 그것만큼 자유롭고 편안한 것도 없다.

그런데 언제부터인가 마음의 여유는 온데간데없고 그 자리에 흥분과 탄성이 넘쳐흐르고 있었다. 응원하는 선수가 상대 선수에게 무참히 당하기라도 하면 속상한 마음에 나도 모르게 육두문자가 튀어나오곤 한 것이다. 반대로 응원하는 선수가 상대 선수에게 하이 킥이라도 한 방 제대로 먹이면 내 발 역시 어느새 허공을 향했다. 선수와 함께 싸운 것이다.

그렇게 하다 보면 어느새 스트레스가 싹 날아갔다. 그와 함께 깨우침의 편린들 역시 빠르게 뇌리를 스쳤다.

'그래, 링 위에서 만큼은 치열하게 싸워라. 봐주지 마라. 괜히 봐줬다가 큰 코 다칠라. 일단 시작했으면 온 힘을 다해 싸워라. 인정사정 볼 것 없다. 치열한 자만이 승리할 수 있다.'

어느 날 밤, 나는 이런 생각을 했다.

만일 내가 링 위에 올라갔다면 과연 나는 저 선수들처럼 치열할 수 있을까? 나 역시 지금 세상이라는 사각의 링 위에서 치열하게 살고 있지 않는가. 혹시 우물쭈물하다가 인생이라는 괴물이 거칠게 휘두르는 하이 킥 한 방에 KO패를 당하는 건 아닐까.

우리의 삶 역시 치열한 이종격투기를 방불케 한다. 그만큼 우리의 삶 역시 치열하고 한 치 앞을 알 수 없다. 그럴수록 삶을 재정비해야 한다. 살아왔던 날을 점검하고, 살아갈 날을 더욱 야무지고 단단하게 재무장해야 하는 것이다.

끝날 때까지 결코 끝난 것이 아니다

주위를 살펴보면 치열하게 삶을 살아가는 사람들을 적지 않게 발견할 수 있다.

나는 영화 〈람보〉 시리즈로 유명한 영화배우 실베스터 스텔론의 삶에 주목했다. 그는 환갑이 다 된 나이임에도 〈람보〉 시리즈의 완결편인 〈람보4〉와 〈록키〉 시리즈의 완결편인 〈록키 발보아〉의 주연과 감독을 맡아 활발하게 활동한 바 있다. 비록 두 편 모두 흥행이나 재미 면에서 전 편의 성적을 따라잡진 못했지만 나름대로 작품성을 인정받았고, 무엇보다도 그의 영화와 삶에 대한 열정을 느끼기에 충분했다.

그 중 〈록키 발보아〉의 한 장면이 유독 기억에 남는다. 록키가 다시 링에 서겠다고 말하자, 그의 아들은 한사코 그를 말린다. 이에 록키는 아들을 향해 진지한 표정을 지으며 다음과 같이 말한다.

"아들아, 너 스스로 거듭나는 과정을 결코 멈추어선 안 된단다. 네 스스로가 사람들이 '넌 형편없어'라고 말하며 손가락질 하도록 만드는 건 아니니? 일이 잘못될 때마다 무언가 비난하고 탓할 거리를 찾는 건 옳지 않아. 그건 음지 인생이야. 알고 있겠지만 내가 얘기를 좀 해줄까? 이 세상은 결코 따스한 햇살과 무지개로만 채워져 있지 않아. 온갖 추악한 인간사와 더러운 세상만사가 공존하는 곳이지. 그렇다고 세상을 거칠게 살라는 건 아니야. 그런 태도는 자신의 영혼을 갉아먹을 뿐이니까. 하지만 너와 나, 그리고 어떤 누구라도 세상을 힘껏 살아가야 해. 네가 얼마나 성공적으로 사느냐가 아니라, 네가 얼마나 삶을 치열하게 살아가느냐가 중요한 거야. 조금씩 앞으로 나가면서, 그러면서 하나씩 얻어 나가는 거야. 계속 전진하면서 말이야. 그게 바로 진정한 승리야! 넌 옳지 않은 태도로도 세상을 계속 살아갈 수가 있어. 하지만 네가 정말 치열하게 살아볼 의지가 있다면 넌 타인의 시선에 연연하지 않고, 네가 되고 싶은 사람이 될 수 있는 거야. 겁낼 필요 없고, 그건 네 모습이 아니잖아. 넌 훨씬 나은 사람이니까!"

지금 생각해도 명대사가 아닐 수 없다.

그렇다. 살면서 승리는 결코 중요하지 않다. 중요한 것은 얼마나 치열하게 살았냐는 것이다.

모두가 물러설 때, 마지막까지 버티고 한 발 더 내딛을 수 있는 마음, 그 의지를 우리는 배워야 한다. 뉴욕 양키스의 전설적인 포수 요기 베라의 말처럼 끝날 때까지는 결코 끝난 것이 아니기 때문이다.

열정의 지속 시간이 길수록 성공 확률도 높다

치열하고 열정적인 삶을 살아가는 사람들 중 빼놓을 수 없는 인물이 바로 안철수이다. 온화하고 부드러운 외모와 달리 그는 매우 뜨거운 열정을 지닌 사람으로 알려져 있다.

의대생이었던 그는 전공 공부에 매진해도 턱없이 부족할 시간에 컴퓨터 공부를 병행했다. 새벽 3시까지는 전공 공부를 하고 그 이후부터 새벽녘까지는 컴퓨터에 대해서 공부했다. 무려 7년 동안을 그렇게 했다. 체력적 한계에 부딪혔지만 오직 열정이라는 강인한 정신력으로 버텨냈다. 그리고 그 열정은 그를 결코 배신하지 않았다. 의학박사 학위는 물론 컴퓨터 바이러스 백신도 개발해낸 것이다.

열정은 불가능하게 보이는 일도 가능하게 만든다. 열정 안에는 초인적인 능력이 숨어 있기 때문이다.

누구나 한 번쯤은 열정적으로 산 기억이 있을 것이다. 중요한 건 그것이 즉흥적인 것이냐, 아니면 지속적인 것이냐이다.

당연한 말 같지만 열정의 지속 시간이 길수록 성공할 확률 역시 높다. 단 하루의 열정으로 끝날 것인가, 한 달의 열정으로 끝날 것인가, 아니면 매순간 목숨이 다 하는 순간까지 열정을 되새기고 되풀이 하며 치열하게 살 것인가. 그것이 인생의 차이, 사람의 차이를 만든다.

단 한 번이라도 목숨을 바칠 만큼 치열한 적이 있는가?

세계적인 피아니스트가 있었다. 그의 현란한 솜씨에 사람들은 모두 감탄을 금치 못했다. 이에 수많은 예비 피아니스트들이 그를 찾아와 피아노를 잘 칠 수 있는 비결에 대해서 묻곤 했다.

"선생님, 어떻게 하면 선생님처럼 될 수 있습니까?"

그러자 그는 손가락으로 벽을 가리켰다. 그가 가리키는 벽 한 모서리엔 종이가 한 장 붙어있었다. 그리고 그 위엔 다음과 같은 말이 적혀 있었다.

[목숨 걸고 연주하라]

성공한 사람들은 하나 같이 자신이 하는 일에 치열하다. 다시 말해 죽자 사자 그 일에 매달리고 거기에 모든 것을 건다.

가난한 농부의 아들로 태어나 국내 최고의 재벌이 된 정주영 전 현대그룹 회장의 성공 신화는 여전히 많은 사람들의 말과 마음속에 살아있다. 비록 가진 것은 없지만 성공을 꿈꾸는 젊은이들에게 희망을 주고, 다시 일어설 수 있는 힘을 주기 때문이다.

언젠가 기자 한 명이 그에게 성공 비결을 물었다. 이에 그는 다음과 같이 답했다고 한다.

"나는 무슨 일이건 그냥 한 적이 없다. 모든 일에 목숨을 걸고 했다."

그것이 바로 그의 힘이자 성공 포인트였다.

우리나라를 철강대국으로 만든 포스코 박태준 명예회장의 삶 역시 정주영 회장의 삶과 꼭 닮아 있다. 그는 민족의 숙원인 제철소를 건설하기 위해 첫 삽을 뜨던 날 결의에 찬 표정으로 직원들 앞에서 다음과 같이 외쳤다고 한다.

"실패하면 조상들에게 죄를 짓는 것이다. 그러니 목숨을 걸고 해야 한다. 실패하면 우리 모두 '우향우'해서 영일만 앞 바다에 빠져 죽을 각오로 일하자."

아주 작은 일도 한순간 방심하면 모든 것이 물거품이 되고 만다. 하지만 목숨을 걸면 상황이 달라진다. 목숨을 건 일 외에는 아무것도 보이지 않기 때문이다. 나아가 다른 대안이 없기에 그 일에 열정을 쏟게 되고 일분일초가 간절하게 느껴진다.

한 번 뿐인 인생, 제대로 미쳐보자

사랑을 하려거든 목숨 바쳐라

사랑은 그럴 때 아름다워라
술 마시고 싶은 때는 한번쯤은
목숨을 내걸고 마셔보아라

…… (중략) ……
…… (중략) ……

구차한 목숨으로 사랑을 못해
사랑은 그렇게 쉽지 않아라
두려움에 떨면 술도 못 마셔
그렇게 마신 술에 내가 죽는다.

민중가요 〈바쳐야 한다〉의 노랫말이다.

누구보다도 더 간절해져야 한다. 그러면 가장 앞에 설 수 있고, 가장 위에 오를 수 있다.

목숨을 건다는 게 때론 너므 숨 막히고, 감정이 건조해질 수도 있다. 그러나 어쩔 수 없다. 목숨을 건 사람만이 승리한다는 건 변치 않는 진리와도 같기 때문이다.

치열한 삶을 살기 위해선 무엇이 필요할까? 많은 것이 있겠지만 내 생각에는 두 가지면 충분하다. 하고자 하는 의지, 즉 열정과 늘 자신을 자극해주는 내적, 외적 자극이 바로 그것이다. 이를 요약하면 목표와 라이벌이 된다.

목표와 계획 없이 치열할 순 없다. 내가 왜 이 일을 해야 하는지도 모른 채 날뛴다면 그건 미친 사람에 불과하다. 정확한 목표가 있어야만 쓰러져도 다시 일어날 이유가 생기며 견딜 수 있는 힘이 생긴다. 나아가 혼자는 재미가 없다. 물론 혼자서 여행도 잘 다니고 잘 노는 사람도 있다. 하지만 그것도 하루 이틀이다. 좀 지나면 누구나 사람이 그리워지기 마련이다. 그렇다고 불특정 다수의 무리와 어울리라는 것은 아니다. 이왕이면 마음에 맞는 사람과 함께 해야 한다. 시기하고 질투하고 경쟁해야 할 라이벌을 정해놓고 그와 어울려라. 나보다 못하는 사람과 어울리기 보다는 나보다 잘나가고 잘난 사람과 함께 어울려야 한다. 그래야만 자극을 받고 부족한 지금의 나를 벗어나려는 의지가 새록새록 돋아나 결국 그를 닮아가게 되고 그를 능가하는 사람이 될 수 있다.

인생은 누구에게나 한번밖에 주어지지 않는다. 한번뿐인 우리의 인생! 제대로 미쳐보는 건 어떨까. 왜 '미쳐야 미친다'라는 말도 있지 않는가.

에디슨은 전기에 미쳤고, 파브르는 곤충에 미쳤고, 포드는 자동차에 미쳤으며, 라이트 형제는 비행기에 미쳤다. 그랬기에 그들은 자기 분야에서 최고가 될 수 있었고, 지금까지도 그 이름이 많은 사람들 사이에서 오르내리고 있다.

최고의 도자기가 탄생하기 위해선 도자기는 자신의 몸을 1,250로 만들어야 한다. 그 온도에 이르러야 흙 속에 있던 유리질들이 모두 녹아 밖으로 흘러나오게 되고 아름다운 빛을 발할 수 있기 때문이다. 똑같은 이치로 자신 안에서 꿈과 열정이 뜨겁게 타올라야만 최고의 내가 될 수 있다. 그러니 때때로 자신의 삶의 온도를 점검해봐야 한다.

그러기 위해서 아주 작은 것부터 시작하자. 하나 남은 마지막 세일 상품을 사람들의 틈 사이를 비집고 들어가 반드시 거머쥐자. 자장면을 먹다가 마지막 남은 단무지에 목숨걸자. 스포츠 경기를 구경할 때 목이 터져라 응원하고 핏대 세우며 소리치자.

이처럼 작은 것에도 매순간 치열함을 잃지 않는 사람, 그리고 그 마음을 지속하는 사람이 된다면, 그 사람의 내일은 분명 달라질 것이다.

얼마나 치열하게
삶을 살고 있는가

땀은 정직하다. 땀을 흘리지 않은 사람에겐 산이 정상을 내주지 않듯, 땀을 흘리지 않은 사람에게 삶은 성공이란 문을 쉽게 열어주지 않는다. 땀을 흘린 사람에게만 시원한 바람을 내어주고, 최선을 다하는 사람에게만 삶의 정답을 알려준다.

성공과 행복으로 가는 길이 따로 있는 건 아니다. 쉽게 얻은 것은 쉽게 잃는 법이다. 그런 의미에서 땀과 열정, 노력으로 수놓은 길이야 말로 행복한 내일로 가는 가장 빠른 지름길이라고 할 수 있다. 힘들고 어려운 만큼 보람도 크고 성취감도 크기 때문이다.

알다시피, 사슴은 사자보다 결코 빨리 달릴 수 없다. 하지만 모든 사슴들이 사자의 먹잇감이 되는 것은 아니다. 살기 위해 목숨을 다해 도망치는 사슴은 사자의 추격을 얼마든지 따돌릴 수 있기 때문이다.

이는 삶에 있어서 간절함이 얼마나 중요한지 말해주고 있다. 그렇다. 도저히 할 수 없을 것 같은 일도 그만큼 간절하게 바라고 행동하면 얼마든지 해낼 수 있다.

간혹 TV나 신문을 통해 자신의 한계를 뛰어넘는 놀라운 능력을 발휘한 사람들의 소식을 접하곤 한다. 하지만 그들에게 간절함이 없었다면 과연 그것이 가능했을까?

하고 싶은 일에 목숨을 걸어보라. 목숨을 걸고 덤벼들면 그 누구도 막을 수 없다. 설령 얻고자 하는 것을 얻지 못했다 하더라고 후회는 남지 않을 것이다. 열정적인 삶이야말로 진정 아름다운 삶이기 때문이다.

어떤 일을 할 때 요행을 바라거나, 요령을 피운다면 절대 좋은 결과를 얻을 수 없다. 모든 일에 최선을 다하고, 모든 능력과 열의를 쏟아야만 최고의 결과를 보장받을 수 있다. 그런 점에서 행동이 따르지 않는 꿈은 박제된 꿈에 불과하다. 땀 한 바가지를 흘린 사람에겐 하나의 열매가 주어지고, 땀 열 바가지를 흘린 사람에겐 열 개의 열매가 주어지는 법이다. 이 세상 모든 것은 뿌린 만큼 얻는다는 것을 결코 잊어선 안 된다.

전력투구, 만일 이것이 없다면
당신은 잘되어야 보통에 지나지 않을 것이다.
남을 능가할 수 있는 힘, 그것은 전력투구라는 단어 속에 숨어 있다.
– 로버트 엘 슈크

왜 최선을 다하지 못했는가

언젠가부터 뮤지컬을 즐겨보곤 한다. 그 이유는 그 안에 춤과 노래가 있어 재미있고 흥겨우며, 무엇보다도 그것을 통해서 배우들의 열정을 생생하게 느낄 수 있기 때문이다.

뮤지컬 《토요일 밤의 열기》를 본 적이 있다. 이 이야기의 주 무대는 디스코텍이다.

뉴욕 브루클린 뒷골목에서 사는 청년 토니 마네로. 보잘 것 없는 인생을 사는 그에게 있어 유일한 낙은 '춤'이다. 춤을 통해 사랑하는 여자, 스테파니를 만났고, 댄스 경연대회에서 우승도 했다. 펄럭이는 나팔바지, 기름으로 빗어 넘긴 머리, 손가락으로 하늘을 찌르는 디스코 춤 등등. 이 뮤지컬을 보는 내내 내 마음은 흥으로 가득찼다.

이 뮤지컬이 가슴에 더 와 닿은 이유는 바로 음악 때문이다. 남녀 주인공이 함께 부른 〈How Deep Is Your Love〉는 너무도 감미롭고 아름다웠다.

모든 출연자들이 춤과 노래에서 발군의 실력을 뽐냈지만, 나는 그 중 한 명의 여자 조연에 주목했다. 아네트 역의 윤석화였다. 그녀는 그 뮤지컬의 연출가이기도 했다. 하지만 연극배우로는 이미 유명했지만 뮤지컬 배우로는 좀 낯설었다. 그녀는 이미 나이가 쉰을 넘은 상태였다. 그런데 뮤지컬 무대에 새롭게 도전한 것이다. 그 나이에 그 무대에 섰다는 것만으로 충분히 아름답고 대단한데, 새로운 장르에 도전하다니. 결코 쉽지 않은 도전이었을 것이다.

알다시피, 뮤지컬은 과격한 춤동작과 노래가 많기 때문에 체력 소모가 심하기로 유명하다. 그러나 그녀는 2시간 가까이 계속 되는 공연 시간 내내 한 치의 실수도 없이 열정적으로 춤추며 노래했다. 그 힘은 과연 어디서 나온 것일까? 바로 '열정의 힘'일 것이다. 무대를 사랑하는 열정과 관객을 사랑하는 열정, 나를 극복하겠다는 열정이 그 모든 것을 가능하게 만든 것이다.

다음 문항 중 자신에게 맞는 사항이 있다면 체크해보자.

- 주위 사람들의 말에 마음이 잘 흔들린다.
- 낯선 환경에 적응한다는 것이 매우 두렵다.
- 성공은 특정한 사람들만 하는 것이라고 생각한다.
- 자기계발을 위해 별도의 시간 투자를 하고 있지 않다.
- 한 시간 이상 어떤 일에 몰두하지 못한다.
- 계획표를 짰지만 100% 실천한 적이 없다.
- 아무리 노력해도 내겐 한계가 있다고 생각한다.

- 친구와 대화를 할 때 미래보다는 과거 얘기를 주로 한다.
- 내가 가장 좋아하는 일이 뭔지 모를 때가 많다.
- 남을 이끄는 것보다 남에게 이끌리는 게 편하다.

이 문항은 '열정'을 측정하는 것이다. 체크한 문항이 많다고 낙담할 필요는 없다. 체크 리스트에 많이 체크했고 적게 체크했느냐는 그리 중요하지 않다. 체크 문항이 많으면 많은 대로, 적으면 적은대로 의미가 있다. 분명 체크를 하는 동안, 마음속으로 각자가 느낀 바가 있을 것이기 때문이다.

체크한 문항이 많다면 지금의 나를 되돌아보고 반성하면서 앞으로 나를 어떻게 만들어갈 것인지 생각하면 된다. 또 체크한 문항이 적으면 지금보다 나를 더 발전시키기 위해 노력하면 된다.

열정은 누구에게나 있지만 언젠가는 반드시 식기 마련이다. 때문에 그것을 누가 더 오래 지속하느냐가 성공과 실패를 판가름하는 기준이 될 것이다.

도끼를 갈아 바늘을 만들다

'마부위침(磨斧爲針)'이라는 고사성어가 있다. 그 유래를 살펴보면 다음과 같다.

'시선(詩仙)'이라 불리는 당나라 시인 이백은 어렸을 때 아버지의 임지를 따라 촉나라에서 자랐다. 그는 일찍이 훌륭한 스승을 찾아상의산에 들어가 수학했는데, 어느 날 공부에 싫증이 나자 스승에게 말도 없이 산을 내려오고 말았다.

집을 향해 걷고 있던 이백이 냇가에 이르자 한 노파가 바위에 열심히 뭔가를 갈고 있는 모습이 보였다.

"지금 뭘 하고 계십니까?"

그러자 노파가 하던 일을 잠시 멈추고 답했다.

"도끼를 갈아 바늘을 만들고 있는 중이네."

이에 이백이 의아한 표정을 지으며 노파에게 다시 물었다.

"그게 가능하다고 생각하십니까?"

그러자 노파는 뭘 그런 당연한 걸 물어보느냐는 표정을 지으며 다시 말했다.

"중단만 하지 않으면, 언젠가는 가능하겠지."

노파의 말을 들은 이백은 느낀 점이 있어 생각을 바꾸어 산으로 다시 올라가 열심히 공부했다. 그리고 공부를 하다가 마음이 해이해질 때면 열심히 도끼를 갈던 노파의 모습을 떠올리며 각성하고 분발했다고 한다.

여기에서 나온 말이 바로 '마부위침(磨斧爲針)'이다. 도끼를 갈아 바늘을 만든다는 뜻으로 아무리 어려운 일이라도 부단한 노력과 끈기, 인내로 일하면 기필코 성공한다는 말이다.

그 어떤 위대한 일도 열정 없이 이루어진 것은 단 하나도 없다. 따라서 무슨 일을 시작할 때는 전략과 아이디어에 실천의 힘을 더하고 열정으로 마무리해야 한다. 그것이 승리자가 되는 비결이고 인생의 달콤한 열매를 맺게 하는 진리이다. 나아가, 설령 실패하더라도 당당해야 한다. 실패를 변명으로 감추는 뻔뻔한 사람이 되라는 것이 아니다. 자신이 할 수 있는 일을 모두 했고, 발휘할 수 있는 능력을 하나도 남김없이 모두 쏟았다면 설령 좋은 결과를 얻지 못했다 하더라도 후회하지 말라는 것이다. 물론 성공적인 결과를 거둔다면야 더할 나위 없이 좋겠지만 어디 그것이 그리 쉬운 일인가.

무슨 일이건 성공보다는 실패의 확률이 훨씬 더 높다. 하지만 삶과 일, 사람에 정면으로 맞선 사람에게는 후회라는 단어가 없다. 열정은 만족이며, 희망이자, 오늘보다 더 발전한 내 자신을 뜻하기 때문이다.

미국 제39대 대통령을 지낸 지미 카터는 해군사관학교 출신이다. 그가 해군사관학교를 졸업하고 처음 부임하는 자리에서 있었던 일이다.

사령관은 그의 신고를 받고 질문을 하나 던졌다.

"카터 소위, 귀관은 사관학교 시절에 몇 등이나 했나?"

갑작스런 질문에 당황한 그는 "750명 중 57등을 했습니다."라고 대답했다. 그러자 사령관이 다시 물었다.

"귀관은 어찌하여 최선을 다하지 않고, 57등에 밖에 하지 못했나?"

이에 카터는 아무 말도 할 수 없었다.

그때부터 그는 '왜 최선을 다하지 못했는가?'라는 사령관의 말을 일생의 좌우명으로 삼았다.

살아가면서 어느 순간, 이런 질문을 받는다면 당신은 뭐라고 답할 것인가? 그러니 아주 사소한 일이라도 항상 최선을 다하고 결과에 순종하는 삶을 살아야 하지 않을까.

절실할수록 열정은 더욱 빛을 발한다

어쩌면 열정은 절실함에서 더 큰 힘을 발휘하는지도 모른다.

한나라의 명장 이광이 숲속에서 사냥을 할 때 있었던 일이다. 그는 당대 최고의 명궁으로, 백발백중의 실력을 자랑했다.

어느 날, 그는 사냥에 열중한 나머지 그만 숲 한가운데서 길을 잃고 말았다. 아무리 마을로 내려가는 길을 찾으려고 해도 산이 깊고 높아 길을 찾기가 쉽지 않았다. 그렇게 몇 시간을 헤맸다.

'날이 이미 어두워졌는데 어떡하지?'

그때 숲속에서 뭔가가 자기를 노려보고 있는 것만 같은 기분이 들었다.

깜짝 놀란 그는 뒷걸음질을 쳤다.

'뭐지? 몸집이 큰 거 같은데….'

그러면서 눈에 잔뜩 힘을 주어 그것을 주시했다.

호랑이였다.

그는 덜덜덜 떨리는 손으로 화살을 뽑아들었다. 하지만 거리가 너무 가까웠다. 자칫, 실수라도 하면 영락없이 호랑이의 밥이 될 처지였다.

그는 마음을 가다듬고 온 몸의 신경을 곤추세워 호랑이를 향해 활
시위를 당겼다. 잠시 후 화살은 호랑이를 향해 곧장 날아가 퍽 소리
를 내며 꽂혔다. 정통으로 맞은 듯 했다. 하지만 뭔가 이상했다. 그는
고개를 갸웃거리며 한 걸음 한 걸음 조심스럽게 다가갔다. 자세히
보니 그건 호랑이가 아닌 호랑이 형상을 한 바위였다. 놀라운 것은
그가 쏜 화살이 바위 깊숙이 박혀 있었다는 것이다.

'화살이 바위를 뚫다니, 도저히 믿을 수 없는 일이군.'

이처럼 절실함이 강하면 강할수록 열정은 더욱 큰 힘을 발휘하게
된다. 따라서 지금 자신이 처한 상황이 불리하다고 해서 좌절하거나
절망할 필요는 없다. 그건 내 안의 열정을 끌어내기 위한 과정이자
기회에 지나지 않기 때문이다.

나이가 많다고? 그것 역시 핑계에 지나지 않는다. 세상에 나이가
많다고 하지 못할 일은 결코 없다.

삶은 라켓볼과 같아서 자기가 치는 대로 되돌아온다.
그런 까닭에 지금 이 순간부터 우리는 인생의 나머지 시간을
가장 열정적으로 살 수 있어야만 한다.
그러한 열정의 대가로 아름다운 노년을 되돌려 받을 수 있다.

-《마흔으로 산다는 것》중에서

미래는 지금 우리가
무엇을 하느냐에 달려 있다

세상에는 세 가지 중요한 금이 있다. 황금과 소금, 그리고 지금이 바로 그것이다.

누구나 한번쯤 과거에 저지른 실수나 행동 때문에 후회해본 일이 있을 것이다. 또 막연한 미래가 두려운 적도 있을 것이다. 그러나 중요한 것은 '지금, 이 순간'이다. 지금을 어떻게 보내느냐에 따라 과거의 실수를 만회할 수도, 더 이상 미래가 두렵지 않을 수도 있기 때문이다.

'늦었다고 생각할 때가 가장 빠른 순간이다'라는 말처럼 지금 이 순간에 충실해야 한다. 그것이 우리의 미래이기 때문이다.

사자는 마음속에 목표물을 깊게 각인시킨 후 정신을 고도로 집중해 그것을 향해 맹렬히 돌진한다. 이때 사자의 가슴은 금방이라도 터질 듯한 화산처럼 뜨겁게 들끓는다고 한다.

흔히 열정이라 부르는 것은 바로 온몸의 세포 하나하나가 느끼고 요동치며 마음속에서 갈망하는 뭔가를 이루어내려고 하는 감정을 말한다.

그렇다. 열정은 강하게 격동하는 사람이나 일, 물건, 또는 신앙 등에 대한 강렬한 욕구이다.

영국의 낭만파 시인 페르시 셸리는 열정에 대해 이렇게 정의했다.

"열정은 우리에게 젊음을 줄 수 있다. 생활이 강렬한 희망으로 가득 차 있는 사람은 자신의 인생을 위대한 열정으로 살아내는 사람이다. 열정은 청춘과 어깨를 나란히 할 만큼 더 없이 소중한 인생의 선물이다."

열정적인 사람일수록 삶이 결코 순탄하지만은 않음을 잘 알고 있다. 그래서 그들은 가능한 한 열정적이고 격정적으로 자신을 채찍질해 쉼 없이 앞으로 나가려고 한다.

– 난광원의 《사자는 쥐와 겨루지 않는다》 중에서

만일 지금 꼭 해야 할 일이 있다면 반드시 그것을 해야 한다. 그리고 그것이 미래에 자신의 삶에 어떤 영향을 미치는지 똑똑히 지켜보라. 미래는 지금 우리가 무엇을, 어떻게 하느냐에 달려 있다.

어떤 사람이 동료들과 보조를 맞추지 못한다면
그것은그가 우리와는 다른 북소리를 듣고 있기 때문인지도 모른다.
그럴 땐 박자가 어떻고 소리가 아무리 멀더라도
그의 귀에 들리는 음악에 보조를 맞추도록 내버려두어라.

— 소로우

누구의 삶도 좇지 마라,
나는 나일 뿐이다

자기 안에 강한 자신감이 있는 사람은 어느 자리에서도 쉽게 주눅 들지 않는다. 어디에서건, 누구 앞에서건 당당하다. 그렇다면 강한 자신감은 어디에서 나오는 것일까?

나만의 특별한 뭔가가 있어야 한다. 돈이 많든, 능력이 뛰어나든, 지식이 많든, 인맥이 좋든…. 지금보다 더 나은 삶을 영위하고, 남보다 한 발 더 앞서나가고, 끝까지 살아남기 위해선 자신만의 특기, 즉 감히 남이 흉내 낼 수 없는 특화된 특기가 있어야 하는 것이다.

무기를 만들려면 일단 '유일성'을 찾아내는 것이 중요하다. 유일하다는 것은 다른 사람에게는 없는 것이며, 남에 견주었을 때 돋보일 수 있는 것이다. 물론 남들과 차별화를 꾀한다는 게 그리 쉬운 일은 아니다. 남과 똑같은 재능이라도 더 많이 연습하고 노력하면 특출할 수 있고 앞서갈 수도 있다. 그게 바로 자신만의 무기가 된다.

자신만의 무기가 있는 사람은 여유롭고 겸손하다. 생각해보라. 결정적인 순간, 모든 사람들을 이길 수 있는 강력한 무기가 있다면 얼마나 든든하겠는가.

박지성 선수가 한 인터뷰에서 기자와 이런 말을 나누었다.

"한국 선수들이 프리미어리그에 진출하기 위해 가장 중요한 것이 무엇이라고 생각하십니까?"

그러자 박지성은 고민할 것도 없다는 듯 즉각 이렇게 말했다.

"뻔한 이야기 같지만 가장 중요한 것은 역시 '실력'입니다. 실력만 있다면 적응하는 데 큰 문제는 없을 것입니다. 여기에 자신만의 무기를 가지고 있다면 누구라도 성공할 수 있습니다."

이에 기자가 다시 물었다.

"그렇다면 박지성 선수가 볼 때 자신의 무기는 무엇이라고 생각하십니까?"

그러자 그는 쑥스럽다는 듯 미소를 지으며 말했다.

"많은 사람들이 얘기해주는 것들이 제가 가진 장점이라고 생각합니다. 공간을 잘 이용한다는 것, 그리고 쉼 없이 움직이는 것. 그것이 제가 가진 최고의 장점이라고 생각합니다."

나만의 특별한 뭔가가 있어야 한다

그렇다고 서두를 필요는 없다. 어설프게 남의 것을 흉내 낼 필요도 없다. 없으면 없는 대로 인정하라. 이제부터라도 자신의의 재능을 찾으면 된다. 그러니 자책하여 스스로를 깎아내리거나 자기 자신을 합리화하진 마라. 찾지 않았을 뿐이지, 발견하지 못했을 뿐이지, 분명 누구에게나 무기가 하나씩은 있기 마련이다. 그 한 가지를 찾는 순간, 그 어떤 두려움도 거뜬히 이겨낼 수 있으며, 그 어떤 세상도 거뜬히 넘어뜨릴 수 있다.

이에 대해 스코틀랜드의 극작가 제임스 M. 베리는 이렇게 말했다.

"당신이 가지고 있는 재능을 사용하라. 만약 노래를 잘 하는 새만이 노래를 부른다면 숲 속은 너무도 조용할 것이다."

너무 많은 것을 찾을 필요는 없다. 단 1%만 찾아도 충분하다. 전 세계적으로 1초당 4만 병이라는 어마어마한 소비량을 자랑하는 코카콜라 맛의 비법 역시 1%의 차이에 불과하다고 한다. 99%의 설탕물로 이루어졌지만 단 1%의 비법으로 인해 그 누구도 따라잡을 수 없는 경지에 이른 것이다.

하지만 자신만의 무기를 발견했다고 해서 그걸로 끝나면 안 된다. 지속력이 중요하다. 끊임없는 연구와 지식으로 그것을 뒷받침해줘야 한다. 만약 발견으로만 끝난다면 그건 단지 색깔만 달리 보일 뿐 알맹이 없는 속빈 강정에 지나지 않는다.

1%만으로도 충분하다, 그 1%가 인생을 바꾼다

페이스북, 트위터, 블로그의 등장은 1인 1브랜드 시대가 왔음을 의미한다. 직장인뿐만 아니라 학생, 주부, 노인층에 이르기까지 웬만

한 사람은 적어도 하나 정도 그것을 운영하고 있다. 주목할 것은 그것을 통해 어마어마한 수익을 창출하는 사람들이 있다는 것이다. 방문객 수가 그것을 증명한다. 그렇다면 방문객을 늘리는 가장 좋은 방법은 뭘까?

의외로 간단하다. 자신만의 콘텐츠를 개발하여 글로 남기거나 축적된 전문지식으로 특화시키면 된다.

지금은 전문가가 대우받고 살아남는 시대이다. 소위 '파워 블로거'라 불리는 사람들은 대부분 그 분야의 전문가라고 할 수 있다. 아니, 그 이상이다. 그들은 이미 스타 대우를 받고 있다. 그들의 영향력이 웬만한 매체보다 훨씬 더 세기 때문이다. 실례로, 일본에서 애니메이터로 활동했던 김현근 씨는 6년 동안의 일본 생활을 블로그에 충실하게 담았고 이를 《당그니의 일본 표류기》라는 책으로 출간했다. 일본인 사야까 씨 역시 한국에서 생활하면서 겪은 일들을 적어 놓은 블로그의 글을 모아 《사야까의 한국 고고씽》이라는 책을 출간했다. '야옹양'이라는 닉네임으로 활동하고 있는 김민희 씨 역시 블로그의 글을 모아 요리 에세이를 출간했고, 그 인기에 힘입어 케이블 TV의 진행자로도 활동한 바 있다.

퀴리부인은 이렇게 말했다.

"저는 끝까지 하나의 목표를 향해 꾹 참고 노력했어요. 전 생명이 짧고 약하다는 것을 잘 알고 있죠. 비록 제가 노력해도 반드시 진리를 얻는다고 보장받을 순 없었지만, 전 늘 노력했지요. 누에게 고치를 만들어 내듯, 전 필연적으로 노력했습니다."

작가나 스타가 되고 싶은가? 그렇다면 지금부터라도 자신이 가장 잘하는 것 한 가지를 골라 그것을 지구가 구멍 날 정도로 끝까지 파라. 그러면 분명 언젠가는 그 꿈을 이룰 수 있을 것이다.

콤플렉스에 고마워해라, 그것이 삶을 바꿀 수도 있다

누구에게나 콤플렉스가 있다. 하지만 그것은 자신의 삶을 옭아매는 밧줄이 아닌 반드시 뛰어넘어야 할 허들이자, 새로운 도약을 위한 기회임을 알아야 한다. 그러다 보니 콤플렉스를 통해 자신만의 무기를 찾는 경우도 종종 있다. 4인조 여성 보컬 그룹인 〈빅마마〉가 그 대표적인 예이다.

빅마마 멤버 4명은 가수가 되기 위해 스무 번 넘게 오디션을 봤다고 한다. 그러나 늘 이런 소리를 들어야 했다.

"가수가 되려면 일단 노래를 잘 불러야지. 하지만 그건 라디오 시대의 얘기야. 지금은 텔레비전 시대야. 다시 말해 듣는 것도 중요하지만 보여지는 것도 중요하다는 거지. 그러니까 너희는 안 돼!"

그녀들은 외모 때문에 가수 데뷔조차 힘들었지만 그러면 그럴수록 실력을 쌓기 위해 더욱더 노력했다. 그리고 외모보다는 노래 실력이 더 인정받고 자신들의 외모가 오히려 더 강력한 무기가 될 수 있을 것이라는 확신을 가졌다. 그리고 얼마 후 자신들의 가치를 알아보는 기획사를 만날 수 있었다.

빅마마는 다른 그룹들 마냥 특별한 파트를 정해놓고 노래를 부르지 않는다. 곡의 스타일에 따라 자유자재로 파트를 바꾸고, 그에 따라 다양한 톤을 능수능란하게 사용하면서 화려한 가창력을 선보인다. 그 결과, 빅마마 1집 앨범은 30만 장 넘게 팔렸고, 내놓는 앨범마다 꾸준한 사랑을 받으며 큰 성공을 거두었다. 외모보다는 실력과 당당함을 무기로 잘못된 상식을 보기 좋게 뒤집은 결과라고 할 수 있다.

나 역시 콤플렉스가 있었다. 아니, 지금도 있다. 나는 남 앞에 나서는 것에 대한 두려움이 심하다. 남 앞에만 서면 식은땀이 나고 발표를 해야 할 상황이 오면 그 두려움은 극에 달한다. 어릴 때부터 말주변이 없고 소심했는데 그것이 지금까지 이어지고 있는 것이다. 그 콤플렉스를 고치기 위해 수많은 노력을 했지만 별 소용이 없었다. 그래서 나름대로 그것을 감추기 위해 나만의 무기를 가져야 했다. 그 무기가 바로 글쓰기였다. 말보다는 글이 편했고, 글을 통해 나의 의견이나 주장을 정확히 펼 수 있었다. 나아가 그것은 사람들을 설득하고 마음을 사로잡을 수 있는데 참으로 유용했다. 그래서 더더욱 글쓰기에 매진하여 광고 카피라이터라는 직업을 얻었고, 마침내 작가의 길에 들어설 수 있었다.

만일 내게 콤플렉스가 없었다면 나는 글과 가까이 지내지 못했을지도 모른다. 그런 의미에서 콤플렉스는 내게 새로운 기회를 제공했다고 볼 수 있다. 그러니 당신도 콤플렉스를 마냥 부끄러워하거나 감추려고 하지만 말고 그것을 대신할 무기를 적극 개발하라. 그리고 그 콤플렉스에 고마워해라. 어쩌면 그것이 당신의 삶을 바꿀지도 모르니까.

A학점의 모범생보다
느리지만 톡톡 튀는 에디슨이 되라

당신이 기업의 대표라고 치자. A학점의 모범생과 톡톡 튀는 창의력으로 무장한 사람 중 한 사람을 채용한다면 누구를 뽑겠는가?

물어볼 것도 없이 후자를 선택해야 한다. 지금은 누군가 뛰어난 한 사람이 모든 것을 좌지우지하는 시대가 아닌, 한 사람 한 사람이 자신의 능력을 최고로 발휘할 수 있는 '모든 사람'의 시대이기 때문이다. 이에 자신만의 개성을 살릴 필요가 있다. 남들이 한다고 무조건 따라 하는 것이 아니라, 자신이 가장 잘 할 수 있는 일을 찾아낼 때 더 큰 성공과 발전을 이룰 수 있기 때문이다. 그만큼 기업이 필요로 하는 인재상도 예전과는 많이 달라졌다. 성실하고 주변 사람과 잘 어울리는 사람이 과거의 인재상이었다면 지금은 창의와 혁신, 패기 등이 중요한 조건이 되었다.

유럽과 미국의 패션계에서 섭외 1순위로 꼽히는 패션모델이 있다. 그녀의 이름은 '알렉 웩'이다. 그녀를 잘 알지 못하는 사람들은 그녀의 외모에 대해 이렇게 상상할 것이다.

하얗고 고운 피부, 빛나는 금발의 머리, 아름답고 고급스런 얼굴….

하지만 그녀는 그 반대에 가까운 외모를 가지고 있다. 칠흑 같은 피부, 지나치게 길쭉한 다리, 오리처럼 툭 튀어나온 엉덩이, 우스꽝스럽게 생긴 얼굴…. 더군다나 그녀는 좋은 환경에서 자라지도 못했다. 아프리카 수단의 한 가난한 가정에서 태어났고 수단 내전으로 인해 난민 수용소에서 생활하기도 했다. 그런 그녀가 세계 패션의 아이콘이 된 것이다. 그녀가 그렇게 될 수 있었던 이유는 과연 뭘까?

식상한 백인 모델이 아니었다는 게 첫 번째 이유였다. 두 번째는 어떤 의상이든 아름답게 소화해 내는 능력과 어느 자리에서든 늘 당당함을 잃지 않는 자신감이었다.

어떻게 보면 그녀는 패션모델로서의 단점을 모두 가지고 있었다고 할 수 있다. 그러나 그 단점을 개성화, 차별화시켰다. 그래서 더더욱 돋보일 수 있었으며, 다른 사람들의 눈에 매력적으로 보일 수 있었다.

스스로 나는 아무런 개성도 없다며 자신을 비하하는 사람들이 있다. 그러나 사람은 누구나 한 가지 이상의 개성을 가지고

태어난다. 따라서 아무리 못난 사람도 남과 다른 자신만의 무언
가가 있기 마련이다. 단점을 차별화해서 성공한 사람들 역시 적
지 않다. 앞서 말한 세계적인 패션모델 알렉 웩 역시 그런 사람
들 중 한 명이다.

단점도 개성화, 차별화시키면 충분히 장점이 될 수 있다. 그
러 단점이라고 해서 무조건 고쳐야 한다고 생각하지 마라. 그것
을 잘만 활용하면 나만의 특화된 무기가 될 수 있다.

당신의 단점은 무엇인가? 어쩌면 그것이 당신을 돋보이게 하
는 차별화 포인트가 될 수도 있다는 사실을 명심하라.

이 세상에 위대한 사람은 없다.
단지 평범한 사람들이 일어나 맞서는
위대한 도전이 있을 뿐이다.
- 윌리엄 프레데릭 홀시

주어진 삶에 적응한다는 건
삶에 대한 모독이다

　어린 시절, 아버지는 여러 직업을 전전하셨다. 처음엔 인쇄소를, 그 다음엔 헌책방을 운영하셨다. 한때는 신발가게도 하셨다. 그렇게 가게의 간판을 여러 차례 바꿔달았지만 크게 재미를 보진 못하셨다. 하기야, 그 중 뭐 한 가지라도 잘 되었다면 그걸로 쭉 가셨을 테지만.

　여러 차례 가게의 간판을 바꿔가면서도 아버지가 줄곧 해오던 일이 하나 있었다. 인쇄소 기계소리가 시끄럽게 돌아가는 곳에서도, 헌책이 먼지와 함께 수북이 쌓인 공간에서도, 알록달록 신발이 진열된 곳에서도 아버지는 도장 파는 일을 계속 하셨다. 딸린 식구가 많다보니 한 푼이라도 더 벌어야 했기 때문이다. 그렇게 해서 자식들을 가르치고, 시집 장가 보냈다.

　첫 책이 세상에 나오던 날이었다. 아버지는 내 이름이 박힌 도장을 부끄럽다는 듯 쑥 내밀었다. 이전에도 내 도장을 몇 번쯤 손수 파주셨기에 별 대수롭지 않게 받았다. 그런데 그날은 달랐다.

아버지는 제법 진지한 표정을 지으시며 이렇게 말씀하셨다.

"혼을 담아서 팠다. 조심해서 잘 써라."

순간, 나는 순간 아무 말도 할 수 없었다. 마음속 깊은 곳에서부터 뭉클함이 솟아올랐다. 가까스로 마음을 다스린 후 아버지께 물었다.

"도장은 언제부터 파셨어요?"

"언제였더라. 그러니까 열일곱 살 때부터였지."

아버지는 열일곱 살 때부터 도장집에서 일하며 어깨 너머로 도장 파는 기술을 배웠다고 했다. 그때부터 일흔이 넘은 지금까지 한 평생 동안 도장을 파고 계신다. 이제는 나이가 들어 눈이 침침해 예전만큼 잘 팔 순 없지만 그래도 눈이 희미해지기 전까지는 그 일을 계속하시겠단다.

도장 파는 아버지의 모습을 보면 참으로 아름답다는 생각이 든다. 아니, 왠지 모를 경외감내지 숭고함이 느껴진다. 과감하면서도 섬세한 손놀림과 한 칼 한 칼 집중해서 정성을 담는 칼끝을 보면서 그것이 허투루하는 장사가 아닌 예술의 한 장르는 아닐까 하는 생각도 하게 된다. 그런데 그것을 왜 예전에는 몰랐을까.

지금은 기계가 사람의 기술을 능가하는 시대가 되었다. 도장 파는 일 역시 마찬가지다. 기계는 반듯반듯 정확하게 도장을 판다. 아마 기계를 도입했다면 아버지는 좀 더 쉽고 많이 도장을 팠을지도 모른다. 그러나 아버지는 끝까지 기계를 거부한 채 오직 손으로만 도장을 조각했다. 평생토록 직접 손으로 해왔던 일, 그 일에 대한 애착 내지는 고집이 기계를 거부한 이유일 것이다. 그런 아버지를 통해 장인정신을 배운다는 건 나만의 생각일까.

수제품이 비싼 이유가 있다. 기계가 만든 것보다 제품이 훌륭해서가 아니다. 어쩌면 제품의 완성도 면에서는 기계로 만든 제품이 더 나을 수도 있다. 하지만 수제품을 높게 평가하는 이유는 그 안에 영혼의 값이 깃들어 있기 때문은 아닐까.

혼과 열정을 담았던 한국의 명장

TV CF를 가리켜 15초의 예술이자 전쟁이라고 한다. 15초라는 짧은 시간 안에 제품 소개는 물론 소비자의 마음을 사로잡아야 하기 때문이다.

장인정신을 멋진 카피로 승화한 광고가 있다. 보면 볼수록 흡인력이 있는 광고이다. 한국투자증권 TV CF가 바로 그것으로, '한국의 명장'이라는 콘셉트로 전통기술을 보유한 명장들을 통해 자연스럽게 자사의 브랜드 가치를 높인 광고였다. 간단히 소개하면 다음과 같다.

시리즈로 된 광고의 첫 번째 편에서는 전통 궁궐과 한옥을 재현해내기 위해 평생 외길을 걸어 온 최기영 대목장의 꿋꿋한 삶을 통해 명장의 원칙과 고집, 그리고 장인정신을 엿볼 수 있었다.

"이 사람아, 이음새 하나가 천 년을 결정하는 것이여! 이거 아니면 죽는다는 마음으로 하는 게지"

두 번째 편에서는 전통 범종을 재현해내는 데 평생을 바친 원광식 주철장을 통해 평생 한 길만을 고수해온 장인의 감동적인 삶을 그대로 보여줬다. 여기에 장인의 생생한 음성이 시청자들을 다시 한 번 감동케 했다.

"이 사람아, 혼을 담아야 천 년의 소리가 나오는 것이여! 잔재주 부리면 끝이야, 끝!"

명품이 따로 있는 게 아니다. 자신의 혼과 열정을 바쳐 만든다면 그것이 바로 명품인 것이다. 나아가 세계 어느 시장에 내놓아도 결코 뒤지지 않는 경쟁력을 가질 수 있으며, 본인의 인생 또한 명품 인생이 되는 것이다.

'이거 아니면 죽는다'는 마음으로 해야

상사와 광고주, 소비자를 모두 만족시키는 카피를 쓴다는 건 매우 힘든 일이다. 내 나름대로 '이 정도면 괜찮겠지'라며 사람들에게 보여주면 돌아오는 건 불만 가득한 표정뿐이었다. 처음에는 자존심도 상하고 기분 나쁘기도 했지만 나중에는 결국 내 자신에게 화가 났다. 한계에 도달한 것 같기도 했고, 매너리즘에 빠진 것 같기도 해서 스스로 부끄러웠기 때문이다.

모 등산 브랜드의 신문 광고를 담당했을 때였다. 역시나 거듭된 상사의 타박에 짜증이 났을 때쯤 거울속의 지친 나를 보게 되었다. 그만 두고 싶다는 생각이 간절했다. 하지만 그것도 잠시, 갑자기 오기가 생겼다.

'그래, 까짓 것 써질 때까지 쓰자.'

그렇게 해서 쓴 카피가 바로 '주어진 삶에 적응한다는 건 도전에 대한 모독이다'라는 카피였다.

무슨 일이든 쉽게 생각했던 내 자신에 대한 반성과 삶을 허투루 살아가는 사람들에게 삶의 진정성을 전달하고 싶은 바람에서 나온 카피였다.

다행히 이 카피는 모든 사람들로부터 'OK' 사인을 받았다.

"그래, 이제야 좀 혼이 담긴 것 같군."

하지만 결코 카피가 좋아서 'OK' 사인이 떨어진 게 아니라는 사실을 나중에 알게 되었다. 얼렁뚱땅 쓰지 말고 신중히, 가슴으로 쓰라는 선배들의 무언의 조언이었다.

생각건대, 나는 그저 손가락에서 만들어낸 카피만 쓴 것 같다. 지금까지 수 백, 수 천 개의 카피를 썼지만 그 많은 카피 중 진정으로 내가 발견한 카피, 내가 찾아낸 카피, 내가 창조한 카피는 과연 몇 개나 될까? 아울러 나는 어떤 일에 맞닥뜨렸을 때 그 일에 진정 혼을 담아내고 있긴 한 걸까? 명품 인생을 살고 싶다는 바람과는 달리 그 반대 인생을 살고 있는 건 아닐까? 라는 생각을 가끔씩 해본다.

단순한 손기술만으론 장인이 될 수 없다

명품은 하루아침에 만들어지지 않는다. 긴 세월, 곧은 정신이 응축

되어야만 비로소 탄생하는 것이다.

코냑(프랑스의 전통 술)의 명품인 '루이 13세' 역시 그렇다. 루이 13세 한 병을 만들기 위해선 100년의 시간이 필요하다고 한다. 그러니 얼마나 많은 인내와 정성, 노력이 필요하겠는가. 제조부터 숙성까지 100년이란 시간을 그 술에 담아야 하기에 처음 그 술을 제조한 사람은 술의 완성을 미처 보지 못하고 세상을 떠나고 만다. 때문에 그것은 그저 그런 술이 아닌 장인정신의 결정체라고 할 수 있다.

일본 가가와(香川) 현에 있는 한 우동가게에서도 장인정신을 엿볼 수 있다. 가가와 현은 신호등보다 우동가게 더 많다는 말이 있을 정도로 우동가게가 많기로 유명하다. 때문에 논두렁 한복판에도, 산을 넘는 도중에도, 비좁은 길옆에서도 우동가게를 쉽게 만날 수 있다.

어느 날 〈이케가미 제면소〉란 우동가게를 50년 동안 해온 한 할머니가 토지 소유권 분쟁으로 인해 가게 문을 닫게 되었다. 그러자 주민들 모두가 안타까움을 금치 못했다. 할머니의 면 뽑는 노련한 기술과 깊은 손맛을 더 이상 맛볼 수 없게 되었기 때문이었다. 특히 주민들의 삶과 함께 해온 전통 있는 가게였기 때문에 주민들이 느끼는 안타까움과 허탈감은 더욱 컸다. 이에 주민들 사이에서 가게를 살리자는 운동이 일어났고, 조금씩 돈을 모아 할머니에게 새로운 우동가게를 마련해주었다.

이 이야기는 그 어떤 분쟁, 그 어떤 세월, 그 어떤 고난보다도 할머니의 장인정신이 강하고 본받아야 한다는 사실을 말해주고 있다.

장인정신이란 자신이 하고 있는 일에 전념하거나 한 가지 기술에 전공하여 그 일에 정통하려고 하는 철저한 직업정신을 말한다. 때문에 단순한 손기술만으론 결코 장인이 될 수 없다. 철저한 직업의식과 자신의 철학이 담겨 있어야만 진정한 장인이라 할 수 있기 때문이다.

나와의 싸움에서 이겨야 진정한 승리자

모리스 장드롱이란 이름을 아는가?

그는 20세기 최고의 첼리스트 중 한 사람이다. 그는 한 인터뷰에서 첼로를 잘 다루는 비법에 대해서 이렇게 말한 바 있다.

"첼로를 잘 다루는 비법이 있냐고요? 있지요, 있습니다. 그것은 다름 아닌 매일 피가 나도록 열심히 연습하는 것입니다."

그는 바흐의 무반주 첼로 모음곡 전곡을 매일 손에서 피가나도록 연습했다. 그렇게 된 데는 하나의 사건이 있었다. 바로 천재 화가로 알려진 피카소와의 만남이었다. 그 만남에서 그는 신선한 충격을 받았다.

"피카소 선생님, 선생님께 그림을 한 장 부탁해도 될까요?"

"물론이죠. 어떤 그림을 원하십니까?"

"이왕이면 첼로 그림을 그려주셨으면 합니다. 첼로는 제 인생의 전부이니까요."

"알겠습니다."

피카소는 미소를 지으며 흔쾌히 수락했다. 그 후 두 사람은 몇 번을 더 만났지만 장드롱은 피카소에게 그림이 잘 되어가고 있는지 전혀 묻지 않았다. 괜히 실례를 범하는 것 같기도 했고, 피카소가 지나가는 말로 그림을 그려주겠다고 한 것일지도 모른다는 생각이 들었기 때문이다. 그렇게 10년이라는 세월이 흘렀고, 어떤 모임에서 두 사람은 다시 만나게 되었다.

그때 피카소가 불쑥, 그림 한 장을 장드롱에게 내밀었다.

"선생님, 이 그림 받으십시오."

"예, 이게 뭐죠?"

"10년 전에 선생님께서 첼로를 그려 달라고 제게 부탁하셨잖아요."

"아, 아, 아, 그랬었죠."

이미 그 일을 까맣게 잊고 있던 장드롱은 깜짝 놀라며 그림을 펼쳤다.

참으로 아름다운 그림이었다.

장드롱은 눈을 깜빡거리며 피카소에게 조심스럽게 물었다.

"그런데 왜 그림을 이제야 주십니까?"

그러자 피카소가 미소를 지으며 말했다.

"선생님께 첼로를 그려 달라는 말을 듣고 저는 날마다 첼로를 그리는 연습을 했습니다. 그리고 10년이 지난 후에야 비로소 제 마음에 드는 첼로를 그릴 수 있습니다. 그래서 이제야 그림을 드리는 겁니다. 늦어져서 죄송합니다."

이 말을 들은 장드롱은 피카소의 열정과 투철한 장인정신에 감동할 수밖에 없었다.

이 세상에 하찮은 일은 단 하나도 없다. 마찬가지로 하찮은 사람 역시 단 한 명도 없다.

아무리 작은 일이라도, 아무리 못난 사람이라도 그 일에 땀과 열정, 혼을 담으면 그 일은 충분히 가치 있는 것이 된다. 아울러 그 삶 역시 명품을 닮아갈 것이다.

중요한 것은 남이 아닌 나를 이기를 것이다. 마찬가지로 경쟁은 남과 하는 게 아니라 내 자신과 하는 것이다. 나와의 싸움에서 이겨야만 진정한 삶의 승리자가 될 수 있기 때문이다.

삶에 혼을 담아라

눈뜨면 새로운 제품과 모델을 강요하는 이 시대에 호흡이 느린 사람은 사물에 익숙해질 여유조차 없다. 그러다 보니 시간이 만들어낸 정신적 가치는 평가절하 되고, 물건이 행복을 가져다 주리라는 환상에 사로잡힌 물질의 시대가 되고 말았다. 그럴수록 사람들은 채울 수 없는 헛헛함에 더욱더 가슴을 쓸어내리곤 한다. 생명과 영혼이 깃들지 않은 제품에 대한 아쉬움과 안타까움 때문이다.

예전 중학교 국어 교과서에 윤오영의 〈방망이 깎던 노인〉이란 수필이 실려 있었다. 읽으면 읽을수록 단맛이 나고 깨우침 또한 큰 작품이었다.

인제 다 됐으니 그냥 달라고 해도 통 못 들은 척 대꾸가 없다. 타야 할 차 시간이 빠듯해왔다. 갑갑하고 지루하고 초조할 지경이었다.

"더 깎지 않아도 좋으니 그만 주십시오."

"끓을 만큼 끓어야 밥이 되지, 생쌀이 재촉한다고 밥이 되나."

"살 사람이 좋다는데 무얼 더 깎는다는 말이오? 노인장, 외고집이시구면. 차시간이 없다니까요."

"다른 데 가서 사우. 난 안 팔겠소."

노인이 퉁명스럽게 내뱉는다. 지금까지 기다리고 있다가 그냥 갈 수도 없고, 차 시간은 어차피 틀린 것 같고 해서, 될대로 되라고 체념할 수밖에 없었다.

"그럼, 마음대로 깎아 보시오."

"글쎄, 재촉을 하면 점점 거칠고 늦어진다니까. 물건이란 제대로 만들어야지, 깎다가 놓치면 되나."

좀 누그러진 말씨다. 이번에는 깎던 것을 숫제 무릎에다 놓고 태연스럽게 곰방대에 담배를 피우고 있지 않는가. 나도 그만 지쳐 버려 구경꾼이 되고 말았다. 얼마 후에야 방망이를 들고 이리저리 돌려 보더니 다 됐다고 내 준다. 사실 다 되기는 아까부터 다 돼 있던 방망이다.

우리가 배워야 할 정신이란 바로 이런 것이 아닐까? 올곧은 장인정신에서 우러나오는 삶에 대한 진지한 태도가 마냥 부럽다. 우리의 삶 역시 이렇다면 얼마나 좋을까.

삶이란 우리의 인생 앞에
어떤 일이 생기느냐에 따라 결정되는 것이 아니라,
우리가 어떤 태도를 취하느냐에 따라 결정되는 것이다.
- 존 호머 밀스

마음을 다하면
결국 이루어진다

무슨 이유 때문인지는 모르지만 마음속에 미움과 원망을 간직하며 사는 사람들이 꽤 있다. 하지만 이 사실을 알아야 한다. 그것이 오래 가면 나중에는 마음의 벽이 점점 더 견고해지고 두터워져서 망치로 내려친들 아무 소용이 없다는 것을. 시간이 약이라고? 그렇지 않다. 더 이상 시간에 의지해선 안 된다. 어떻게라도 뒤엉켜진 실타래를 풀어야 한다. 그때 필요한 것이 바로 '진심'이다. 진심으로 다가가면 해결 못할 일이 없다. 아무리 큰 잘못이라도 용서할 수 있다. 그것이 바로 진심의 힘이다.

가족 간의 용서와 진심에 대해 예전에 동화 형식으로 쓴 글이 하나 있다.

경애는 오랜만에 친정집에 왔다.

“경애왔구나.”

“예, 엄마.”

“그래, 그 동안 왜 그렇게 뜸했니?”

“이래저래 좀 바빴어요. 자주 오지 못해서 죄송해요.”

“그래, 이렇게라도 얼굴을 봤으니 됐지 뭐.”

경애와 친정어머니는 서로 마주앉아 오붓하게 이야기꽃을 피웠다. 그러다 갑자기 경애가 말을 멈추더니 심각한 표정을 지었다. 무슨 할 말이라도 있는 듯 했다.

“경애야, 왜 그러니? 무슨 할 말이라도 있니?”

“…….”

“괜찮아, 어서 말해보렴. 무슨 일 있니?”

그러자 경애가 나지막한 목소리로 말했다.

“저 지혜한테 신장 한 쪽을 떼어주기로 했어요.”

경애의 말을 들은 친정어머니는 두 눈이 휘둥그레졌다.

“뭐라고? 네, 네, 네가 왜 그 애한테….”

“엄마, 전 괜찮아요. 요즘은 의술이 발달해서 아무 탈도 없고 회복도 빠르데요.”

“너 지금 그걸 말이라고 하니. 안 된다, 절대 안 돼. 네가 왜 그런 짓을 해. 절대 안 된다.”

친정어머니는 고개를 내저으며 단호하게 말했다.

하지만 경애 역시 쉽게 물러서지 않았다.

“내 딸인데 내가 신장을 줘야죠.”

“네 딸? 그게 어떻게 네 딸이니? 네가 낳은 딸도 아니잖아.”

"그런 말이 어디 있어요. 지혜가 제 딸이지 그럼 누구 딸이에요."

엄마는 가슴을 치며 말했다.

"네가 애 딸린 이혼남이랑 결혼한다고 했을 때 끝까지 말렸어야 했는데…. 결국 이렇게 되다니. 모두 다 내 탓이다, 내 탓이야."

"엄마, 왜 엄마 탓이에요. 그리고 괜찮다니까 그래요."

친정어머니는 길게 한숨을 내쉬며 말했다.

"처녀가 애 딸린 이혼남에게 시집간 것도 억울한데, 그 딸내미 하는 짓 좀 봐라. 결혼한 지 4년이 지났는데도 아직도 아줌마라고 부르잖니. 심지어 늘 소 닭 보듯이 하는데 네가 왜 그 버릇장머리 없는 애한테 신장을 줘야 하니? 너는 속도 없니? 나는 네 생각만 하면 아직도 자다가도 벌떡벌떡 일어나는데."

"엄마, 지혜는 제가 가슴으로 나은…."

경애는 끝내 말을 잇지 말했다.

친정어머니는 경애를 도저히 이해할 수 없다는 듯 고개를 내저으며 크게 소리쳤다.

"그래, 알았다. 네 몸이니까 네가 알아서 하렴. 대신 두 번 다신 나를 볼 생각하지 마라!"

결국 경애는 무거운 마음으로 친정집을 나오고 말았다.

그 후 한 달여의 시간이 흘러 지혜가 수술하는 날이 되었다.

경애와 딸 지혜는 나란히 병원 침대에 누웠다. 의사 선생님은 두 사람을 안심시키기 위해 미소를 지으며 말했다.

"이제 지혜는 투석 치료 받지 않아도 되겠네. 좋지? 그리고 어머니도 금방 회복하실 겁니다. 그러니 너무 걱정하지 마세요."

경애는 애써 미소를 지으며 의사 선생님께 다시 한 번 부탁했다.

"선생님, 우리 지혜 좀 잘 부탁드립니다. 세상에 하나 밖에 없는 사랑하는 딸이에요."

그 순간, 지혜의 눈 주위가 뜨거워졌다. 눈물이 왈칵 쏟아지고 만 것이다. 그 동안 못되게 굴었던 것이 너무나 미안했고 자신을 위해 신장을 내준 것이 무척 고마웠다.

경애는 딸 지혜를 향해 미소를 지으며 말했다.

"지혜야, 벌써 울면 어떻게 해? 수술할 사람이 마음 약해지면 안 돼. 자, 우리 함께 파이팅하자! 파이팅!"

경애는 주먹을 불끈 쥐며 지혜를 향해 외쳤다. 그러자 지혜 역시 이를 악물고 경애를 향해 손을 내밀었다.

"그래요, 우리 파이팅해요. 그리고 그 동안 미안했어요."

그리고 잠시 머뭇거리더니 이내 말을 이었다.

"고마워요, 정말 고마워요, 어, 어, 어, 엄마."

엄마라는 말에 경애의 눈시울이 붉어졌다. 그러나 경애는 그저 미소만 지었다.

"미안하다니, 그리고 고맙다니, 그게 무슨 소리니? 엄마니까 당연한 일이지. 오히려 내가 더 고맙지. 이렇게 예쁜 딸을 난 공짜로 얻었잖니."

잠시 후 두 개의 침대가 수술실로 옮겨졌다. 그때였다. 꾸부정한 할머니 한 명이 수술실 쪽으로 다가왔다. 경애의 친정어머니였다.

경애는 친정어머니를 발견하곤 침대에서 몸을 일으켰다.

"어, 어, 엄마…."

친정어머니는 경애의 손을 잡아주었다.

"그래, 수술 잘 해라."

"예, 와주셔서 정말 고마워요."

친정어머니는 지혜의 손도 잡아주었다.

"우리 손녀 딸도 수술 잘 받아라, 알았지?"

"예, 고마워요, 할머니."

마침내 두 개의 침대는 수술실로 들어갔다. 그 모습이 애틋하면서
도 참으로 아름다웠다.

마음을 주고받으면 그 무엇이 필요하겠는가? 진실한 마음만 있다
면 아무리 높은 담장이라도 뛰어넘을 수 있고, 아무리 넓은 강이라
도 건널 수 있으며, 아무리 거센 폭풍우라도 뚫고 지나갈 수 있다. 특
히 사랑에 있어서 진심은 아주 큰 힘을 발휘한다. 그러니 사랑을 쟁
취하기 위해 많은 재산, 좋은 직장 등 그럴싸한 조건을 갖추는 것도
중요하지만 가장 큰 힘은 바로 진심이란 사실을 명심해야 한다.

의심하지 않으면 결국 행운이 찾아온다

디즈니의 유명한 애니메이션《미녀와 야수》에서 여 주인공 '벨'은
야수를 처음 보고 깜짝 놀란다. 하지만 보면 볼수록 겁은 사라지고
그의 다른 면모를 보게 된다. 그건 바로 야수의 진심이었다. 결국 벨
은 그의 진짜 마음을 통해 사랑을 느끼게 된다. 그리고 마침내 진심

이 담긴 벨의 키스로 인해 야수는 마법이 풀리고 꽃미남 왕자로 변신한다. 만약 벨이 야수의 진심을 읽지 못하고 외모로만 판단했다면 아마 두 사람의 사랑은 이루어지지 않았을 뿐더러 하루하루가 고통의 연속이었을 것이다.

초상화를 전문으로 그리는 화가가 있었다. 어느 날 나이 지긋한 남자가 찾아와 초상화를 의뢰했다.

화가는 남자의 머리모양을 보고 물었다.

"왜 그렇게 왼쪽 머리만 길렀습니까?"

그러자 남자가 미소를 지으며 말했다.

"연애시절, 아내가 내 왼쪽 귀가 보기 싫다고 해서 이렇게 왼쪽 머리만 기른 겁니다."

화가는 고개를 끄덕였다. 그러나 곧 고개를 갸우뚱거리며 다시 물었다.

"제가 보기에 꽤 나이가 있어 보이는데, 이제는 왼쪽 머리를 자르셔도 되지 않을까요?"

그러나 남자는 고개를 저으며 말했다.

"내일모레면 내 나이 일흔이지만 우리 부부는 아직도 연애시절처럼 산답니다. 그래서 아직도 왼쪽 머리를 자를 수 없어요."

사랑 앞에선 그 어떤 조건도 없어야 한다. 오직 사랑만이 필요하다. 그 무엇도 사랑을 대신할 수 없기 때문이다. 그러니 사랑이 부족하거나 다 사라졌다면 다른 것으로 채우려고 하지 말고 사랑의 처방

전을 두 배로 늘려야 한다.

진심, 최고의 인간관계 기술

사람의 마음을 설득하는 방법에는 여러 가지가 있다. 화려함으로 시선을 끌 수도 있고, 기분 좋게 작은 선물을 줄 수도 있다. 하지만 사람의 마음을 움직이는 기술 중 가장 중요한 것은 역시 진심이다. 특히 고객을 상대로 장사를 하는 사람이라면 더더욱 진심이 필요하다. 진심은 반드시 통하기 마련이기 때문이다.

4.5평짜리 작은 약국을 마산의 랜드마크로 만든 약사 출신 CEO 김성오 씨가 펴낸《육일약국 갑시다》를 보면 다음과 같은 이야기가 나온다.

그의 고향 마산은 생선과 해물을 팔며 생계를 어렵사리 꾸려가는 사람들이 많았다. 이에 하루종일 생선을 팔다가 저녁 무렵 집으로 돌아가는 할머니들을 보면 곧잘 약국에서 뛰쳐나가 그들의 손을 잡고 이렇게 말했다고 한다.

"할매요, 할매요! 오늘 많이 팔았는교?"

"아이고, 박사님 손 더럽심더."

"더럽긴요. 할매요, 글고 지는 박사 아니라 약삽니더. 박사 아니라예. 그런데 신경통은 좀 어떤교?"

진심이 통하는 순간, 지위 고하를 막론하고 모두 하나가 된다. 마음과 마음이 포개지면 그 사이에 무엇이 필요하겠는가. 진심은 최고의 세일즈요, 최고의 인맥이자, 최고의 경쟁력이다.

하지만 세상이 하도 험하다 보니 자신도 모르게 벽을 쌓고 사는 경우가 많다. 그러다 보니 새로운 인연을 맺는 것 역시 쉽지 않다. 그렇다고 언제까지 벽을 사이에 두고 사람을 만날 수만은 없다.

진심을 다해 사람들에게 다가가라. 그것이야말로 세상을 조금이나마 더 아름답게 만드는 비결이며, 마음이 평화로워지는 길이다.

세상에서
가장 행복한 사람

사람 사이에서는 그 어떤 조건도 존재해서는 안 된다. 만일 사람 사이에 조건이 존재하게 되면 그 관계는 필시 오래 가지 못하게 된다.

영국의 〈런던 타임스〉가 '이 세상에서 가장 행복한 사람은 누구인가?'라는 설문조사를 한 적이 있다. 그 결과, 3위는 섬세한 공예품을 완성하고 휘파람을 부는 목공, 2위는 아기를 깨끗하게 목욕시키고 몸에 분을 발라주며 웃는 어머니가 차지했다. 그리고 1위는 모래성을 막 완성한 어린아이였다. 행복한 사람들 속에 정치인, 재벌, 귀족, 박사 등은 전혀 포함되지 않았다. 이를 통해 행복은 사회적 지위나 재물과는 크게 상관없음을 알 수 있다.

이처럼 사람들이 느끼는 행복의 기준은 제각각 다르다. 따라서 무엇이 진실이라고 쉽게 단정지을 수 없다. 그럼에도 불구하고,

우리가 〈런던 타임스〉의 조사를 통해 알 수 있는 사실은 거짓 없는 순수함, 즉 진심과 사랑이야 말로 행복의 가장 중요한 원천이라는 것이다. 이에 그리스의 철학자 아리스토텔레스는 이런 말을 남기기도 했다.

"행복이란 소박함 속에서도 스스로에게 만족할 줄 아는 사람에게만 오는 것이다."

근사한 카페에서 젊은 연인들이 마시는 커피보다
당신이 자판기에서 뽑아 준 커피가
더 향기롭습니다.

술자리에서 피우는 담배보다
식사 후에 당신이 건네는
냉수 한 잔이 더 맛있습니다.

모피코트를 입은 사모님보다
무릎이 튀어나온 추리닝을 입은 당신이
더 아름답습니다.

갈비찜을 잘 만드는 일류 요리사보다
라면을 푸짐하게 끓이는 당신이 더 위대합니다.

허리가 으스러지도록 껴안는 젊은 연인보다

오늘 하루도 수고하라며

도시락을 내미는 당신의 손이 더 뜨겁습니다.

사랑한다는 말을 값싸게 내뱉는 사랑보다

늘 머리를 긁적이며 미소를 짓는 당신이

더 영원합니다.

세상에서 가장 아름다운 사람은

바로 매일매일 나와 함께 하는 당신입니다.

– 김현태 〈이 세상에서 가장 아름다운 사람〉

인생은 화살이다. 그러므로 당신은 알아야 한다.
표적이 무엇인가를, 활을 어떻게 사용할 것인가를.
– 헨리 벤 타이크

인생의 소나기를
미리 준비하라

몇 해 전, KBS 〈책을 말하다〉란 프로그램의 구성작가로부터 전화를 한 통 받은 적이 있다.

"김현태 작가님이시죠?"

"예, 맞습니다. 그런데 누구시죠?"

"KBS 〈책을 말하다〉 프로그램의 구성작가인데요. 2주 후에 《유혹의 기술》이라는 책으로 방송을 할까 하는데, 혹시 패널로 나와주실 수 있으실까요? 김현태 님은 작가이면서 카피라이터로 일하시는 걸로 알고 있습니다. 책이건, 광고건 독자나 소비자의 마음을 유혹시켜야 하는 거잖아요. 그래서 이 책의 패널로 적합할 것 같은데, 혹시 그날 시간이 되시나요?"

얘기를 듣는 순간, 두려움이 앞섰다. 하지만 거절하고 싶진 않았다. 방송 출연! 일생일대에 이런 기회는 두 번 다시 오지 않을 것 같았기 때문이다. 나는 떨리는 목소리로 답했다.

"예, 좋습니다. 나가겠습니다."

"그럼 책을 보내드릴 테니 한 번 읽어 보세요. 녹화 날 뵙겠습니다."

전화를 끊고 저녁 즈음, 퀵서비스로 책이 도착했다. 그런데 책을 보고 깜짝 놀라고 말았다. 책의 두께가 장난이 아니었기 때문이다. 무려 700페이지에 가까운 엄청난 분량이었다.

걱정이 앞섰다. 2주 만에 그 두꺼운 책을 다 읽어야 한다는 게 여간 부담스럽지 않았기 때문이다. 시력도 나빠서 몇 줄만 읽으며 눈이 금세 아파오는데, 참으로 걱정이었다. 그런 와중에 설상가상 갑자기 일이 터지고 말았다. 일주일 내내 밤샘작업을 해야 하는 일이 생긴 것이다. 팀의 사활이 걸린 중요한 경쟁 프레젠테이션이었다. 그걸 준비하자면 일주일 동안은 전혀 책을 볼 수 없었다.

책상 위에 덩그러니 놓인 책을 바라보자니 한숨만 나왔다. 일주일 후 가까스로 일이 마무리 되었지만 일주일 안에 그걸 전부 읽는다는 건 불가능에 가깝다는 생각이 들었다. 그러니 수박 겉핥기식이라도 할 수밖에. 그렇게 하루하루가 지났다. 책은 끝까지 눈에 잘 들어오지 않았다.

다른 패널들은 모두 방송의 베테랑들이었다. 그런 사람들 틈바구니에 끼어 과연 말이나 제대로 할 수 있을지, 가슴이 콩닥콩닥 뛰고 머리까지 어지러워졌다.

마침내 녹화 날이 되었다. 준비도 제대로 하지 못한데다 말발도, 경험도 없고, 더욱이 카메라 앞이라 더더욱 주눅이 들었다. 어떻게 녹화를 마쳤는지 정신이 하나도 없었다. 나중에 TV로 방송되는 것을 보았는데, 방송 한 시간 내내 단 두 마디만 했다. 그나마 그 두 마디도 그다지 논리적이지 않았다.

TV를 본 가족들은 그래도 TV에 나온 것이 어디냐며 나를 대단하다고 우러러봤지만 나 스스로는 정말 낯 뜨겁고 후회스러웠다. 아무리 많이 준비한다고 해도 모자랄 판에 준비도 없이 무작정 덤벼들었으니, 두고두고 후회가 되었다.

한참 시간이 흐른 후 다시 《유혹의 기술》을 읽어보았다. 물론 700페이지까지 다 읽진 못했지만 작가가 참으로 대단하다는 생각이 들었다. 이 책을 쓰기 위해 작가는 무려 13년이라는 시간 동안 수많은 동서양의 역사와 문헌을 연구하고, 카사노바, 마를린 먼로, 클레오파트라, 존 F. 케네디 등 위대한 유혹자들의 회고록과 자서전을 비롯해 오비디우스의 《사랑의 기술》, 《오디세이아》, 라클로의 《위험한 관계》, 무라사키 시키부의 《겐지 이야기》, 보카치오의 《데카메론》, 셰익스피어의 작품, 프로이트와 플라톤의 저서 등에 이르기까지 수많은 고전들을 섭렵했다고 한다. 저자의 그런 노고도 모른 채 대충 훑어보고 토론에 참가했다는 게 참으로 미안할 따름이었다.

무엇이든 준비한 만큼 표시가 나는 법이다. 아무리 자신이 부족하다고 해도 남보다 더 많은 시간을 투자하고, 남보다 더 많은 생각을 쏟아 부으며 분명 그 차이가 난다.

하지만 많은 사람들이 준비에 비해 큰 성과를 기대하곤 한다. 때론 기대보다 큰 성과를 얻을 수도 있다. 하지만 그건 그때그때의 운이나 일시적인 현상일 뿐 계속해서 그런 일은 결코 일어나지 않는다. 이에 반해 열심히 준비한 사람은 분명 준비한 만큼의 성과를 얻기 마련이다. 그것이 바로 세상의 이치이자 법칙이다. 설령, 기대에 미치지 못한다고 한들 적어도 후회는 없을 것이다. 준비, 그 자체가 이미 큰 성과이기 때문이다.

때를 놓치지 마라

중국 명나라의 유학자였던 왕양명의 이야기이다.

어느 날, 제자 한 명이 그에게 물었다.

"스승님, 도대체 도가 무엇입니까?"

이에 왕양명이 시큰둥한 표정으로 말했다.

"배가 고프구나. 어서 밥이나 먹자."

그러나 제자는 여전히 심각한 얼굴로 되물었다.

"스승님, 왜 제 질문에 대답해주지 않으십니까? 제게 꼭 알려주십시오. 도대체 도란 무엇입니까?"

그러나 왕양명은 귀찮다는 듯 손가락으로 귀만 후빌 뿐이었다.

그 모습을 본 제자는 슬슬 화가 나기 시작했다.

"스승님, 저는 스승님을 20년 가까이 모셨습니다. 그런데 왜 제 말에 귀를 기울이지 않고 귀찮아하십니까?"

이에 왕양명은 역시나 귀찮다는 표정을 지으며 말했다.

"뭘 그렇게 알려고 하느냐. 도가 별 거더냐. 잠 오면 자고, 닭이 울면 일어나고, 먹고 살려면 일하고, 심심하면 친구랑 노는 것, 그것이 도지."

이에 제자는 고개를 갸우뚱거렸다.

"예, 그게 도라고요? 부디, 제가 만족할 만한 답을 주십시오."

그제야 왕양명은 제자를 향해 진지하게 말했다.

"지금이 무엇을 할 때인지 잘 알고 그 일을 행하는 것, 그게 바로 도이다. 지금 나는 배꼽시계가 자꾸 울리는구나. 어서 밥이나 먹자. 지금은 밥 먹을 때이다."

이에 제자는 비로소 고개를 끄덕였다.

"역시 스승님이십니다. 얼른 밥상을 차리겠습니다."

모든 일에는 때가 있는 법이다. 그때를 놓치면 기회를 놓치고 후회만 남는다. 따라서 때를 잘 잡는 사람일수록 성공할 확률이 높다.

행운이나 기회는 결코 우연히 찾아오지 않는다

미래에 벌어질 일을 정확히 알 순 없지만 예측할 수는 있다. 성급하게 굴지 않고 조금만 차분히, 깊게 생각하면 충분히 앞으로 벌어질 수 있는 일을 예측할 수 있기 때문이다. 이는 자신에게 닥칠 위기나 기회에 대처할 수 있는 방법을 미리 준비할 수 있다는 얘기이기도 하다.

누구나 찬스에 강한 사람이 될 수 있다. 이미 예약된 행운의 주인공이 될 수 있는 것이다.

삼성 이건희 회장은 이렇게 말한 바 있다.

"우리의 꿈은 여기에 머물 수 없다. 세계 초일류 기업이 바로 우리가 이루어야 할 진정한 미래이기 때문이다. 그동안 우리 삼성은 세계 일류 기업들에게 기술을 빌리고 경영을 배우면서 성장해왔다. 하지만 지금부터는 어느 기업도 우리에게 기술을 빌려주거나 가르쳐주지 않을 것이다. 앞으로 우리는 기술 개발은 물론 경영 시스템 하나하나까지 스스로 만들어야 하는 자신과의 외로운 경쟁을 해야 한다."

준비과정은 분명 고통의 시간일 것이다. 하지만 자신이 원하는 일이 반드시 이루어질 것이라는 믿음이 있다면 그 시간은 충분히 참고 견딜 수 있다.

최명희의《혼불》1권을 보면 이런 대목이 나온다.

"기다리는 것도 일이니라. 일이란 꼭 눈에 띄게 움직이는 것만이 아니지. 이런 일이 조급히 군다고 되는 일이겠는가. 반개한 꽃봉오리 억지로 피우려고 화덕을 들이대랴, 손으로 벌리랴. 순리가 있는 것을."

설렁탕에 사용할 진국을 우려내기 위해선 8시간을 참고 기다려야 한다. 또 윔블던 테니스장은 일 년에 고작 2주라는 시간 동안 사용하기 위해 일 년 내내 잔디를 가꾸고 준비한다. 올림픽 100m 경기 단 9

초를 위해 선수들은 4년의 시간을 땀과 투혼으로 준비한다. 소설가 박경리는 《토지》를 25년에 걸쳐 완성했다. 등장인물의 수만 600여 명에 이르고 총 4만 장의 원고지가 들어갔다.

서두르거나 조급해서는 안 된다. 그럴수록 실수하거나 손해를 입기 쉽다. 차분하게 그리고 가혹하리만큼 철저한 준비하고 때를 기다릴 줄 알아야 한다.

준비된 사람에게 필요한 건 기다림

어느 마을에서 실제로 있었던 일이다.

비가 내리지 않자, 동네 사람들은 마을회관 앞에 모여 비를 내려 달라며 하늘에 기우제를 지냈다. 하지만 간절함은 있었으나 믿음은 없었다.

"이렇게 한다고 정말 비가 올까?"

"그러게 말이야. 지금이 조선시대도 아니고."

그러나 기우제가 끝나고 집으로 가려는 찰나, 갑자기 비가 내리기 시작했다. 사람들은 모두 자연스럽게 마을회관 안으로 다시 모여들었다. 그런데 한 아이만이 우산을 들고 밖으로 나왔다. 그 아이는 기우제를 하면 반드시 비가 내릴 것이라는 사실을 믿고 미리 우산을 준비한 것이다.

어린 시절, 수업을 마치고 집에 가려는데 갑자기 비가 내린 적이 있다. 미리 우산을 준비한 아이들은 즐거운 마음으로 우산을 쓰고 집으로 돌아갔다. 우산을 챙겨들고 교문 밖에서 아이를 기다리는 엄마들도 있었다. 그러나 나는 엄마가 끝내 오지 않아 비를 맞으면서 집으로 돌아와야 했다. 아침에 엄마가 지나가는 말로 우산을 챙기라는 걸 한 귀로 듣고 한 귀로 흘린 대가였다. 비를 맞으며 집으로 돌아오는 내내, 다른 아이들 엄마처럼 우산을 챙겨들고 오지 않는 엄마를 원망하기도 했다. 하지만 한편으로는 엄마가 참으로 대단하다는 생각도 들었다. 엄마 말을 들었으면 이런 일은 없었을 테니까.

어른이 된 지금, 내 가방에는 늘 우산이 들어 있다. 우산이 있다는 사실에 늘 마음이 든든하다. 어떤 날은 비가 왔으면 하는 마음이 들 때도 있다. 그래서 때로는 남들에게는 없는, 나만의 준비된 우산을 맘껏 자랑하고 싶기도 하고, 준비된 내 모습을 남들 앞에서 우쭐거리고 싶기도 하다.

인생 역시 마찬가지다. 준비된 인생은 하루하루가 든든하고 그 어떤 위기가 닥쳐도 그것을 쉽게 극복할 수 있다.

행운이나 기회는 결코 우연히 찾아오는 것이 아니다. 그것은 준비된 사람에게만 찾아오는 아주 특별한 선물과도 같다.

최후의 승리는
기다리는 사람의 것이다

잘 알려져 있다시피, 강태공은 '궁팔십 달팔십(窮八十 達八十)'이라고 해서 자그마치 팔십 년 동안이나 뜻을 얻지 못한 채 낚시로 소일을 해야만 했다. 오늘날 낚시꾼을 가리켜 강태공이라 부르는 것도 여기서 유래한 것이다. 그렇게 낚시로 소일하던 그는 마침내 주나라 문왕의 눈에 띄어 일약 왕의 스승이 되었고, 이후 주나라가 천하를 장악하는데 있어 결정적인 역할을 하였다.

사마천의 《사기》〈제태공세가〉편에 의하면, 그의 성은 본래 강 씨지만 봉해진 성을 좇아 여상(呂尙)이라고 했다고 한다. 하지만 너무도 궁핍하여 나이 일흔두 살까지 낚시를 하면서 때를 기다렸다. 그때까지 그가 인내하며 재야에 묻혀 공부만 하고 벼슬길에 오르지 않은 것은 때를 기다리기 위함이었다.

'순풍에 불을 붙이면 힘이 들지 않는다(順風取下 用役不多)'
라고 하였다. 하지만 이를 위해서는 하늘의 기회를 보는 안목
과 함께 기회가 올 때까지 기다릴 줄 아는 인내가 있어야 한다.
당장 형세가 불리하다고 해서 조급해 하고, 유리하다고 경거망
동하면 대사를 그르치게 된다.

'승리는 기다리는 자의 몫'이다. 그렇다. 세상을 도모하는 큰
일일수록 인간의 지략보다는 하늘의 기회를 기다릴 줄 알아야
한다. 끈기만큼 드러나지 않은 큰 지혜는 없다.

기사들이 모두 모이자, 누군가가 한 가지 제안을 했다.

"저 숲속에서 마법의 클로버를 찾아올 사람이 있습니까? 그
것을 찾아오세요. 그래야 진정한 기사일 것입니다."

그러나 다들 고개를 내저을 뿐 아무 말도 없었다. 매혹의 숲
속은 너무 넓고 또한 마법의 클로버를 찾는 게 그리 쉽지 않은
일이라는 걸 잘 알고 있었기 때문이었다. 결국, 검은 망토 노트
와 백망토 시드만이 마법의 클로버를 찾아 떠나게 된다. 모든
사람들이 행운을 움켜쥐려 하지만 정작 찾아나서는 사람은 없
었던 것이다.

대지의 왕자를 찾아가 노트가 그에게 물었다.

"여기에 마법의 클로버가 있소?"

"없소. 오천 년 동안 흙을 일구지 않았는데 어찌 클로버를 볼

수 있단 말이오. 클로버를 찾길 원한다면 먼저 흙을 일구시오."
그제야 노트는 크게 깨닫고 땅을 일구기 시작했다.

– 알렉스 로비라의 《준비된 행운》 중에서

작은 것 여럿이 모여 완성을 가져온다.
그러나 그 완성은 결코 작은 것이 아니다

– 미켈란젤로

씨앗 한 톨 속에도
거대한 세상이 다 들어 있다

신춘문예 당선 후 글을 좀 쓰는 사람들을 만나면 이렇게 묻는 사람들이 많았다.

"첫 번째 응모에 신춘문예를 통과하셨다면서요? 사법고시보다 더 어렵다던데, 어떻게 당선되셨어요? 혹시 노하우라도 있나요?"

그런 질문을 받을 때마다 특별히 할 말이 없었던 나는 대충 이렇게 둘러대기 일쑤였다.

"그냥 운이죠, 뭐. 별거 있나요."

그런데 어디를 가든 똑같은 질문을 받게 되었다. 그러다 보니 언제까지 운이라고 말할 수도 없는 노릇이었다. 그런 질문을 하는 사람들은 뭐 하나라도 건질 게 없을까 하는 간절한 마음으로 묻는데, 매번 성의 없이 대답하는 건 그 사람들에 대한 실례라는 생각이 들었다. 또한 나 자신도 왜 내 가 당선이 되었는지 몹시 궁금했다. 이에

나는 신춘문예 당선작인 희곡 〈행복한 선인장〉을 다시 한 번 읽어보
았다.

　　한 남자가 자장면을 시켜먹었다. 그런데 며칠이 지나도록 자장면
그릇을 찾아가지 않았다. 여기서부터 극이 시작된다.
　　그 남자는 파리 떼가 우글거리는 자장면 그릇을 바라보며 독백을
내뱉는다.
　　'왜 그릇을 찾아가지 않는 거야. 틀림없이 자장면 배달부마저 나
의 존재를 잊어버린 게 분명해. 나는 세상에 없는 사람인가?'
　　그렇게 찾아가지 않는 자장면 그릇을 바라보며 그는 자신의 존재
가 잊혀져가고 있음을 슬퍼한다.

내 입으로 말하긴 좀 쑥스럽긴 하지만, 나는 읽는 내내 눈을 뗄 수
없었다. 문장 하나하나가 살아있는 듯 했고, 무엇보다도 다음 장면
이 몹시 궁금했다. 그 작은 궁금증이 계속해서 원고를 읽게 만들었
고 결국 끝까지 읽고 말았다. 그리고 내 나름대로 당선 노하우에 대
한 결론을 내렸다.
　　"작은 것으로 호기심을 유발하여 위대함으로 결말내라!"

〈행복한 선인장〉은 도입 부분에서 자장면 그릇을 통해 자아의 부
재를 끌어내 심사위원들의 호기심을 자극했고 끝까지 작품을 읽도
록 만들었다.
　　나의 노하우는 앞서 말한 것처럼 이렇다. 작은 것으로부터 시작해

위대함으로 끝나는 것! 그게 바로 신춘문예에 당당하게 당선될 수 있었던 비결이다.

아마 처음부터 거창했다면 아마도 좀 싱거운 느낌이 들었을 것이다. 쉽게 지나칠 수 있는 작은 것에 의미와 철학을 담았기에 더 큰 기대감을 낳은 것이다.

호기심으로 시작해 위대함으로 끝내라

작은 것에 주목해야 한다. 작은 시작에 신중하고 관심을 가져야 한다. 작다고 해서 보잘 것 없거나 하찮은 것이 아니다. 처음 보기에는 그럴지 몰라도 작은 것 안에도 이미 위대함이 가득 차 있다. 작은 불씨 하나하나가 모여 큰 불이 되고, 작은 도토리가 모여 큰 상수리나무 숲을 이루지 않던가. 그러니 작은 것 하나에도 세상이 전부 들어있다고 할 수 있다. 우리가 해야 할 일은 그 안에서 위대함을 발견할 수 있는 눈과 열정을 기르는 것이다.

성공을 원하는 사람이라면 작은 것에 충실하고, 작은 것을 소중히 여길 줄 알아야 한다. 누구나 다 훌륭한 사람, 위대한 사람이 되길 꿈꾼다. 그러나 '천 리 길도 한 걸음부터'라는 속담처럼 너무 성급하면 일을 오히려 그르칠 수 있다.

누구나 다 처음은 작고 초라하다. 그러나 그 작고 초라함 속에서도 최선을 다하면 분명 좋은 일이 생기기 마련이다.

한 청년이 있었다. 대학을 졸업한 그는 직장을 구하기 위해 백방으로 돌아다녔지만 쉽사리 직장을 구할 수 없었다. 얼마 후 간신히 직장을 얻었는데, 뉴욕박물관 임시직이었다. 비록 임시직이었지만 그래도 그는 만족했다. 고고학에 관심이 많았기 때문이다. 그는 남보다 일찍 출근했고, 더 많은 땀을 흘리며 매일 박물관 마룻바닥을 열심히 닦았다. 어느 날 이 모습을 지켜본 박물관 관장이 그에게 다가와 물었다.

"수고가 많네. 그런데 자네, 이런 생각은 안 드나? '대학교육까지 마쳤는데 박물관 바닥이나 닦고 있다니, 내가 지금 뭘 하고 있지.' 늘 활짝 웃는 얼굴로 바닥을 열심히 닦는 걸 보니 대견해서 하는 말일세."

"전 제 자신이 한심하거나 부끄럽다고 생각한 적이 단 한 번도 없습니다. 이곳은 제가 좋아하는 박물관의 마룻바닥입니다. 제 땀방울이 분명 고고학의 발전에 조금이라도 도움이 된다고 생각합니다. 그러니 제게 주어진 일에 최선을 다해야죠."

그 후 그는 성실함을 인정받아 정식직원으로 채용되었다. 그가 바로 훗날, 뉴욕박물관의 관장이 된 '고래 박사' 로이 앤드루스 박사이다.

자신이 하는 일이나 주어진 일이 작다고 그 일을 소홀히 하면 그건 스스로 큰일을 할 수 없다고 말하는 것과 같다. 그러니 비록 작고 하찮은 일이라도 그 일에 열정을 쏟고 최선을 다해야 한다. 그렇게 함으로써 사람들은 당신을 인정하고 당신에게 믿음을 갖게 될 것이다.

작은 구름이 모여 큰 구름이 되고 비를 만들듯, 길섶에 핀 보잘 것 없는 작은 꽃들이 세상을 아름답게 만들 듯, 샛강이 모여 드넓은 바다를 이루듯, 이 세상은 작은 것들이 모여 모두가 부러워하는 위대한 것을 만드는 것이다.

영국 출신의 세계적인 철학자 칼라일은 일찍이 다음과 같은 말을 했다.

"그대가 하는 일이 미천하다고 낙심하지 말라. 그대가 하는 일은 하나님께서 그대에게만 맡기신 가장 중요한 일이다. 그러니 그것이 비록 집안을 정리하는 아주 단순한 일일지라도 그 일에 최선을 다하라. 만일 그대의 책임의 범위가 넓고 관계되는 일이 많으면 더욱 그리해야 할 것이다. 만일 그대에게 부모와 처자와 형제와 자매가 있다면 그들에 대한 그대의 책임이 얼마나 큰 것인지 기억하고 그들로 하여금 실망케 하지 말지어다. 우리가 최선을 다하는 것은 곧 세상의 여러 가지 불행이 생기지 않게 하는 최선의 방법이기 때문이다."

작은 것에 진심을 담아라

리더십과 인생 경영, 자기 발견에 대한 세계적인 전문가로 손꼽히는 로빈 S. 샤르마는 자신의 저서 《내가 죽을 때 누가 울어줄까》에서 이렇게 말한 바 있다.

"이 세상에 위대한 행동이라는 것은 결코 없다. 위대한 사랑으로 행한 작은 행동들이 있을 뿐이다."

사람들은 어쩌면 큰 것보다는 아주 작은 것에 감동을 받는다. 아주 작아도 그 안에 진심이 담겨져 있다면 말이다.

네 사람이 동시에 한 마을에 분식점을 열었다. 네 사람은 각자 자신의 식당이 최고라며 열심히 사람들에게 알렸다.

얼마 후 한 사람이 '우리나라에서 최고로 맛있는 집'이라는 간판을 내걸었다. 그러자 두 번째 사람은 그보다 더 욕심을 냈다. 그는 '세계에서 가장 맛있는 집'이라는 간판을 내걸었다. 이렇게 되자 다른 사람들 역시 가만히 있을 수만은 없었다. 세 번째 사람은 '우주에서 가장 맛있는 집'이라고 간판을 내걸었다. 그러나 네 번째 사람은 달랐다. 그는 크고 대단하게 보여주는 것보다 소박하지만 진심이 담겨야 한다고 생각했다. 이에 식당 입구에 '우리 동네에서 가장 맛 좋은 집'이라는 아주 소박한 간판을 내걸었다. 과연 사람들은 어느 식당으로 향했을까. 사람들은 모두 네 번째 식당으로 몰렸다. 간판을 통해 식당과 주인의 진심을 알게 되었기 때문이다.

이렇듯 작은 것에 진심을 담으면 아무리 큰 상대라도 제압할 수 있는 힘이 생긴다.

작은 실수 하나가 인생 전체를 망칠 수도 있다

마라톤 대회에서 우승한 선수에게 그 먼 길을 오면서 가장 힘든 게 뭐냐고 물었다.

"나를 가장 힘들게 한 건 가파른 길도 아니며, 뜨거운 태양도 아니고, 차가운 바람도 아니었습니다. 가장 힘들 게 한 건 신발 속에 스며든 작은 모래알맹이였습니다."

그렇다. 작은 것으로부터 위대함이 만들어지지만 반대로 아주 작은 것으로부터 위대함이 무너지기도 한다.

홍수가 자주 나는 한 마을이 있었다. 이에 마을 사람들은 높은 둑을 쌓기로 하고 열심히 둑을 쌓았다. 일주일 만에 둑이 완성되었다. 그런데 한 노인이 둑 앞을 지나가다가 뭔가를 발견했다.

"어, 이게 뭐지? 개미굴이잖아. 이거 큰일이군."

노인은 마을 사람들에게 둑이 곧 무너질지도 모른다며 그 위험성을 알렸다.

"개미굴을 발견했소. 이러다가 둑이 곧 무너질지도 모르오."

그러나 마을 사람들은 콧방귀를 뀌며 노인의 말을 무시했다.

"어르신, 그깟 개미굴 하나 가지고 뭐 그리 호들갑입니까?"

"그러게 말이야. 개미굴이 커봤자 얼마나 크다고."

그날 밤, 마을엔 거센 비바람이 몰아쳤다. 강은 범람했고, 개미구멍으로 서서히 물이 새어들었다. 그리고 얼마 후 개미구멍은 분수처럼 물을 내뿜었다.

"둑이 무너지고 있다! 어서 다들 피해!"

결국 둑은 처참하게 무너졌고 사람들은 모두 마을에서 멀리 대피해야만 했다.

'깨진 유리창의 법칙'이라는 말을 들어본 적이 있는가? 1969년 스탠포드 대학의 심리학자 필립 짐바르도 교수는 다음과 같은 실험을 했다.

허름한 골목에 두 대의 자동차를 보닛을 열어놓은 채 방치해두었다. 한 대는 보닛을 열어놓고 창문을 조금 깨놓았고, 다른 한 대는 그냥 보닛만 열어놓았다. 유리창을 조금 깨놓은 것 외에는 별 다른 차이점이 없었다. 그런데 놀라운 결과가 일어났다. 유리창을 깬 상태로 놓아둔 자동차는 10분 만에 배터리가 없어지고 타이어도 사라졌다. 그것이 다가 아니었다. 시간이 지날수록 유리창이 더 많이 깨지고, 자동차 여기저기가 낙서로 뒤덮였다. 얼마 후 자동차는 결국 고철로 변하고 말았다. 그러나 다른 차는 일주일 후에도 멀쩡했다.

이 실험은 작은 것이 결국 큰 것을 망치게 된다는 것을 말해주고 있다. 우리가 버리는 쓰레기 하나가 어쩌면 이 사회를 더럽고 지저분하게 만드는지도 모른다. 전봇대 아래 쓰레기가 놓여 있으면 다른 사람들 역시 자연스럽게 쓰레기를 버리게 된다. 그렇다. 하나의 잘못으로 인해 모든 것을 망치는 실수는 범하지 말아야 한다.

작은 것은 이처럼 매우 중요하다. 감동 역시 마찬가지다. 아주 작고 볼품없는 선물에 감동하는 것이 바로 그런 경우이다.

작다고 해서 절대 작은 것이 아니다. 인생에 있어서 목표 역시 마찬가지이다. 큰 성공을 위해서는 큰 목표가 있어야겠지만 자칫 목표가 너무 크면 허황된 꿈으로 변질될 우려가 있다. 때문에 꿈을 이루기 위해선 중간 중간에 작은 목표를 알차게 계획하고, 그것을 이루기 위해 노력해야 한다. 일 년 안에 내가 뭘 하겠다는 것보다 오늘 하루 내가 이 일을 해내고 말겠다는 짧고 강한 목표가 결국 인생의 큰 성공을 부르는 디딤돌이 되기 때문이다. 작은 것, 하찮은 것, 사소한 것을 더 사랑하자. 그것이야말로 기나긴 인생을 제대로 사는 최고의 지혜라고 할 수 있다.

가장 아름다운 것은
작은 것 속에 숨어 있다

작은 것은 아름답다. 모든 위대한 것, 위대한 일들은 작은 것으로부터 출발한다. 산의 정상을 정복하는 것, 우리의 삶을 풍요롭게 하는 위대한 사상 역시 작은 한 걸음, 작은 생각으로부터 시작되었다. 생각이 깊어지면 깨달음이 오고, 깨달음이 열리면 진리의 세계가 열린다.

작은 씨앗이 아름다운 이유는 그 속에 생명이 들어 있기 때문이다. 생명이 있다는 것은 성장한다는 것이다. 즉, 모든 가능성과 잠재력으로부터 무한히 열려 있다는 것이다.

작은 것 속에 숨겨진 보배를 발견하기 위해서는 영혼의 눈을 가져야 한다. 눈이 아닌 마음으로 볼 수 있는 안목을 가져야 하는 것이다. 작은 물방울 속에서 바다를 보고, 작은 풀꽃이 떨어질 때 우주가 떠는 것을 볼 수 있어야 한다 .

이른 아침 길가에 피어있는 제비꽃

그것으로 충분하지 작은 것이 아름답지

정다운 이와 더불어 나누는 작은 밥상

그것으로 충분하지 작은 것이 아름답지

작은 것을 사랑할 때 그만큼 소중하고

작은 것에 기뻐할 때 그만큼 풍요해지지

작은 꽃 작은 밥상 작은 노래 작은 사랑

그것으로 충분하지 작은 것이 아름답지.

기타 하나 들고서 부르는 작은 노래

그것으로 충분하지 작은 것이 아름답지

힘겨운 이에게 남몰래 내미는 작은 손

그것으로 충분하지 작은 것이 아름답지

…… (중략) ……

그것으로 충분하지 작은 것이 아름답지.

– 손병휘의 〈작은 것이 아름답다〉 노랫말

작은 것에 대한 우리의 마음을 다시 한 번 되돌아보게 만드는 아름다운 노랫말이다. 이처럼 작은 것은 결코 사소하지 않다. 그 안에 우주가 들어 있기 때문이다. 작은 씨앗 속에 세상이 전부 담겨 있는 것처럼.

올바른 일을 하는 것이 어려운 것이 아니다.
무엇이 올바른 것인지 아는 것, 그것이 어려울 뿐이다.
– 미국 제36대 대통령 린드 존슨

지금까지의
실수 습관에서 벗어나라

어린 시절의 일이다.

어느 겨울 날, 잠자리에서 실수로 그만 오줌을 싸 도톰한 솜이불에 지도를 그린 적이 있다. 아침에 솜이불에 그려진 지도를 보고 어머니는 한숨을 내쉬었다.

"어휴, 너 때문에 내가 못 산다."

성깔이 있는 어머니라면 볼기짝이라도 몇 대 때리며 머리에 키를 뒤집어쓰게 한 후 옆집에서 소금을 얻어오라며 내쫓았을 것이다. 그러나 다행히 내 어머니는 그렇게 모진 분이 아니셨다. 어머니는 한숨 한 번 내쉬는 걸로 실수를 용서해주었다.

"다음에 또 이러면 안 된다, 알았지?"

"예."

그러나 그런 실수가 한 번을 넘어 두 번, 세 번으로 이어지게 될 경우, 다시 말해 상습범이라면 얘기가 달라진다. 아무리 성격 좋은 사람이라도 더 이상 참지 못할 것이다. 한겨울에 그 도톰한 이불을 빨기란 여간 힘든 일이 아니기 때문이다. 더욱이 어린 자식의 실수를 바로 잡기 위해서라도 더 이상 참아선 안 된다.

웬만해서는 화를 안 내던 사람이 화를 내면 더 무서운 것처럼 내 어머니 역시 마찬가지였다. 결국 내가 세 번째 실수를 하자 인정사정없이 회초리를 휘두르셨다.

이처럼 제아무리 귀엽고 사랑스러운 자식이라도 같은 실수를 반복하면 용서하기가 힘들다. 나를 낳고 기른 어머니 역시 그럴진대, 하물며 낯선 사람끼리 어울려 살아가는 사회는 어떻겠는가.

사회생활에서 같은 실수는 치명타

상사가 시킨 일을 잘 처리하고, 나아가 거기서 머물지 않고 창의적인 생각을 상사에게 건의하는 것이 아랫사람의 도리이자 능력이다. 그러나 매사에 일을 깔끔하게 마무리짓지 못하고 실수를 밥 먹듯이 한다면 어떻게 될까. 상사로부터 꾸중을 듣는 건 애사요, 연봉 및 승진과 관련된 고과점수에도 큰 영향을 끼칠 것이 뻔하다.

그렇다. 잦은 실수는 스스로 자신을 깎아내리는 행위이자 퇴출을 당하는 지름길이다. 법 역시 똑같은 죄를 반복하는 것에 대해선 더욱 엄격하다. 특히 미국은 이미 여러 주(州)에서 범죄자에 대해 삼진아웃제를 실시하고 있다. 이에 죄질을 따지지 않고 동일한 유형의 범죄를 3회 이상 저지른 사람은 종신형 또는 25년 이상의 중형을 선고한다. 너무 과하다 싶지만 연방 대법원이 합헌 결정을 내렸기 때문에 누구도 거기선 예외일 수 없다.

새로운 실수를 자주 저질러라

가수 윤종신이 한 토크쇼에서 자신의 실수담에 대해서 얘기한 적이 있다.

한 여자와의 미팅에서 그는 그윽한 눈빛으로 상대를 바라보며 이야기꽃을 피웠다고 한다. 그의 재치 있는 말솜씨 덕분에 어색한 분위기는 금세 사라졌고, 상대의 얼굴엔 호기심이 가득했다. 그러나 잠시 후 문제가 발생했다. 화장실을 다녀오겠다며 그가 자리에서 일어선 순간, 그의 키를 본 여성의 얼굴이 싹 굳어진 것이다. 화장실에 다녀온 윤종신은 다시 타고난 말발로 굳어버린 여자의 얼굴을 환하게 만드는데 성공했다. 하지만 이야기에 열중한 나머지 얼굴에 난 땀을 닦기 위해 자신도 모르게 그만 안경을 벗고 말았다. 그 순간, 안경 벗은 윤종신의 얼굴을 본 여자의 얼굴은 예의 굳은 표정으로 다시 돌아가고 말았고, 결국 자리에서 일어나 밖으로 나가고 말았다.

인텔의 앤드류 그로브 전 회장은 실수에 관한 다음과 같은 명언을 남겼다.

"기업에는 크고 작은 바람들이 있다. 대부분 그냥 스쳐 지나가는 작은 바람이지만 언제 그 바람이 태풍으로 돌변하여 회사를 송두리째 뒤엎어 놓을지도 모른다.”

이에 그는 직원들이 매사에 실수하지 않고 일을 할 수 있도록 독려했다.

‘투자의 귀재’이자 버크셔해서웨이 회장인 워런 버핏 역시 ‘실수 없는 후계자론’을 피력했다.

“어떤 사람이 후계자가 될 자격이 있냐?”는 기자의 질문에 그는 이렇게 말했다.

“앞으로 시장은 갈수록 비정상적이고 심지어 기괴하게 움직일 것이다. 따라서 단 한 번의 실수가 오랫동안의 성과를 까먹어 버릴 수도 있다. 그러므로 후계자는 앞으로 다가올 심각한 위험을 인지하고 회피할 수 있는 사람이어야 한다. 즉, 실수하지 않아야 한다.”

지금까지의 실수 습관에서 벗어나야 한다. 대충대충, 어리바리한 삶을 살아선 안 된다. 따라서 어떤 일에 임할 때는 초긴장 상태의 집중력을 발휘해야 한다. 나아가 일을 빨리 처리하는 것도 중요하지만 그것보다는 깔끔하고 뒤탈 없는 일처리가 자신의 가치를 높이는 길임을 알아야 한다.

누구나 실수를 할 수 있다. 하지만 그것을 반복해서는 안 된다. 만일 어쩔 수 없이 실수를 했다면 두 번 다시는 같은 실수를 반복하지 않기 위해 그 원인을 철저한 분석하고 통렬한 자기반성을 통해 실수를 기회로 반전시켜야 한다.

그럼에도 불구하고 실수를 했다면? 일단 좀 뻔뻔해질 필요가 있다. 깔끔하게 자신의 실수를 인정하고 용서를 구하라. 실수가 두렵다고 스스로 행동에 제약을 받아선 안 된다.

사람은 누구나 실수를 하면서 발전한다. 괜히 실수할까봐 무서워서 시도조차 하지 않는다면 그것만큼 더 큰 실수도 없다. 실수는 더 이상 삶의 장애물이 아니다. 때론 실수를 통해 자신의 능력의 한계도 느껴보고 좌절도 해가면서 우리는 발전하게 된다.

실수가 득이 되는 경우도 종종 있다. 실수를 통해 이룩한 위대한 결과물들을 보라. 실수가 약이 되고, 길이 되고, 미래가 된다는 말이 바로 이런 경우일 것이다.

'CEO처럼 생각하는 법(How to think like a CEO)'이라는 원제를 가진 D. A. 벤턴의 저서 《CEO 정상의 법칙》을 보면 다음과 같은 이야기가 나온다.

"많은 사람들의 마음속에 깊이 각인되어 있는 근본적인 사고의 배경에는 '모든 것을 완벽하게 해내지 못하면 난 실패자다'라는 생각이 깊숙이 숨어 있다. 그러나 인간이 이루어 놓은 훌륭한 발명품은 대부분 실수의 결과이고, 실수를 해도 포기하지 않은 발명가의 꿋꿋한 의지에서 비롯되었다고 할 수 있다. 고로 실수는 다음에 잘 할 수 있는 기회를 제공한다. 실수는 배우는 과정인 것이다."

최초의 항생물질인 페니실린 역시 한 미생물학자의 실수로부터 탄생되었다. 그는 당시 종기와 같은 염증을 없애는 방법에 대해 연구하고 있었다. 그런데 그만 실수로 세균을 배양하는 접시의 뚜껑을 열어놓은 채 퇴근을 하고 말았다.

다음 날, 연구실에 가보니 접시에는 온통 푸른곰팡이가 피어있었다. 그런데 놀라운 것은 세균이 다 죽어 있었다는 것이다. 그는 곧 푸른곰팡이를 연구했고 페니실린이라는 항생물질을 얻어냈다. 그리고 노벨상을 받는 영광까지 누렸다. 그가 바로 플레밍이다.

또 다른 예가 있다. 세계인의 사랑을 받는 만년필 'Waterman' 역시 한 보험 판매원의 실수로부터 탄생되었다. 그 판매원의 실적은 그리 좋은 편이 아니었다. 이에 회사에서도 언제나 눈치를 봐야 했다. 그러던 어느 날, 아주 오랜만에 한 고객과의 보험계약이 성사되기에 이르렀다. 그런데 그만 계약서를 작성하는 과정에서 실수를 저지르고 말았다. 펜의 잉크가 흘러내려 계약서를 망치고 만 것이다. 고객은 불쾌했는지 그의 실수를 용납하지 않았다. 결국 보험계약은 수포로 돌아가고 말았다. '잉크만 흘러내리지 않았다면!' 그는 펜을 만지작거리며 자신의 실수를 두고두고 후회했다. 그리고 몇날 며칠 동안 펜만 생각하고 펜만 연구했다. 그 결과, 그는 잉크가 흘러내리지 않는 펜을 개발하기에 이르렀다. 그 펜이 바로 'Waterman'이다.

기존의 일은 실수 없이! 새로운 일은 실수하고 또 실수하라!

같은 실수를 반복하는 건 바보짓이지만 새로운 일에 대해 실수를 저지르는 건 매우 긍정적인 일이다. 아니, 누구나 저지를 법한 일이다. 익숙한 일, 능숙한 일에 대해서는 그만큼 실수율이 높지 않다. 그러나 낯설고 새로운 일에 처음 도전할 때 누구나 실수를 할 수 있다. 다시 말해서 실수를 한다는 건 그만큼 새로운 일에 도전하고 갈망하고 있다는 증거이다. 그러니 새로운 일에 도전하면서 실수를 하는 것에 대해서 자책하거나 주눅 들 필요가 없다. 기존의 일은 실수 없이! 새로운 일에 대해선 실수하고 또 실수하라! 이것이 답이다.

이렇듯 실수로 인한 득과 실을 잘 활용한다면 다른 사람들보다 더 좋은 위치를 선점할 수 있다. 창조를 만들어가는 실수는 아름답기 때문이다.

새로운 일은 누구나 다 서툴기 마련이다. 그러니 실수를 하는 건 어쩌면 당연하다. 새로운 것에 대해 피하지 않고 과감하게 부딪혀라. 시행착오를 통해 배울 수 있다면 그것이야말로 발전된 삶이라고 할 수 있다.

실수하는 사람은 실수하지 않는 사람보다 더 많이 혼난다. 그러나 더 많이 배울 수 있다. 실수하는 사람은 실수하지 않는 사람보다 더 많이 주눅이 든다. 그러나 더 많이 변화할 수 있다. 실수하는 사람은 실수하지 않는 사람보다 때론 뒤쳐질 수도 있다. 그러나 분명 더 많은 기회를 얻을 수 있다.

새로운 시도는 시행착오를 거치면서 서서히 자신만의 노하우가 되고 결국 긍정적인 결과를 가져온다는 사실을 알아야 한다.

실수하지 않는 것보다
도전하지 않는 것을 더 두려워하라

"슬럼프는 본인이 만드는 것이다. 인정할 것은 인정하고, 절대 실수나 실패를 두려워하지 마라."

PGA 골퍼 최경주의 말이다.

실수를 두려워하게 되면 삶의 리듬이 깨지고, 모든 것이 엉망이 된다. 그러니 실수를 두려워해서는 안 된다. 얼마든지 만회할 수 있다.

실수를 저지를 때 가장 괴로운 사람은 누구일까? 자기 자신일 것이다. 그 다음은 그 실수로 인해 피해를 본 사람이다. 그러니 실수를 저질렀을 때, 가장 먼저 해야 할 일은 그 실수를 인정하고 용서를 구하는 것이다. 그 다음은 나중에 생각해도 좋다.

독일 작가 토마스 A. 슈웨이크는 실수를 인정하는 것이 얼마나 중요한지 그의 저서 《평범했던 그 친구는 어떻게 성공했을까》에서 다음과 같이 말한 바 있다.

"성공을 지킬 줄 아는 사람들은 실수를 재빨리 인정함으로써 실수를 극복할 수 있다는 것을 잘 안다. 그리고 실수를 은폐하려다 들키면 살아남을 수 없다는 것 역시 잘 안다."

그런 예는 역사 속에서도 쉽게 찾아볼 수 있다. 닉슨 대통령은 워터게이트 사건을 은폐하려 했다는 이유로 자진 사퇴해야 했다. 만약 그가 1972년 민주당 선거 사무실에 도청장치를 한 사실을 알고 있었다고 솔직하게 털어놓았다면 부하들을 통제하지 못했다는 이유로 2~3주 정도 비난만 받고 말았을 것이다. 또 그렇게 했다면 20세기 최고의 대통령 반열에 올랐을지도 모른다.

실패와 역경이 없는 드라마가 감동을 줄 수 없듯이, 실수가 없는 인생의 성공은 있을 수도 없고, 결코 아름답지도 않다.

실수를 두려워하지 마라. 한 번의 실패가 교훈으로 체득된다면 그것만으로도 충분히 가치가 있다. 경험을 통해 얻은 지식은 삶의 자산이 되기 때문이다. 이에 우리는 실수하는 것을 두려워하기보다 도전하지 않는 것을 두려워해야 한다.

작은 성공은 실패 없이도 가능하다. 그러나 큰 성공의 이면에는 반드시 쓰라린 실패가 존재한다는 사실을 결코 잊지 말아야 한다.

당신에게 가장 필요한 책은
당신으로 하여금 가장 많이 생각하게 하는 책이다.
- 마크 트웨인

삶의 차이,
독서의 차이

《엄마, 나는 책이 좋아》라는 그림책을 출간한 적이 있다. 어릴 때부터 책과 친해지면 좋다는 생각에 쓴책인데 판매는 그리 신통치 않았다.

한 아이가 책을 이용해 뭐든지 한다. 낮잠을 잘 때는 베개로 쓰고, 높은 곳에 놓여 있는 물건을 꺼낼 때는 책을 밟고 올라가 해결한다. 또 태양빛이 너무 강하면 책으로 햇볕을 가리고, 그러다가 심심하면 책을 읽기도 한다. 이처럼 책을 마음대로 활용하면서 책과 점점 친해지고 나중에는 엄마와 함께 책을 읽으면서 즐거워한다는 얘기이다.

독서는 습관이다. 책 읽기를 좋아하는 사람은 평생 책을 가까이 한다. 마치 밥을 먹듯 주기적으로 책을 읽게 된다. 그러나 책을 싫어하는 사람은 평생 가야 책 한 권 제대로 읽지 않는다. 거기서부터 삶의 차이가 나게 된다. 시간이 지날수록 지식의 차이가 나고, 삶의 질의 차이가 나고, 생각의 차이가 난다.

책을 가까이 한 사람치고 성공하지 못한 사람은 없다.

맹자의 어머니 역시 자식 교육을 위해 세 번씩이나 이사를 하지 않았는가. 알렉산더나 나폴레옹은 전쟁터에서도 책을 읽었다. 그러고 보며 그들이 세계를 지배하고 호령할 수 있었던 힘 역시 어쩌면 책으로부터 습득했는지 모른다.

책 없는 삶은 영혼 없는 육체와도 같다

많은 사람들이 스트레스를 받으면 술을 마시거나 노래를 부르며 풀곤 한다. 그러나 때론 다른 방법도 좋다. 바로 독서다.

책을 읽으면 마음의 안정이 찾아오고 자연스럽게 스트레스도 풀린다. 거기에 풍요로운 지식과 지혜까지도 덤으로 얻을 수 있다.

서점이나 도서관에 자주 가라. 책에 아낌없이 투자하라. 책을 사는데 돈을 줄이면 그건 꿈을 줄이는 것과 다를 바 없다. 그러므로 책은 미래를 위한 투자이자 성공에 대한 당연한 지불이라고 생각해야 한다.

최한기라는 조선 선비가 있었다. 그는 지독한 책벌레였다. 양아버지로부터 상당한 재산을 물려받은 그는 당시 중국에서 건너온 새로운 책이나 서양 과학책을 사는데 아낌없이 돈을 투자했다.

어느 날, 그의 벗 이규경이 그의 집에 놀러왔다가 그의 서재를 보고 깜짝 놀랐다.

"아니, 이렇게 많을 수가! 나도 책 많기로 소문이 난 사람인데 자네는 나보다 훨씬 더 책이 많군 그래. 자네가 부럽네. 자네가 존경스러워."

"뭐 이 정도로 그러나? 나는 아직도 부족하다고 생각하네. 뭐 좋은 책 있으면 소개 좀 시켜주게. 그 책도 좀 사고 싶으니 말이야."

"하여간 자네 같은 지독한 책벌레는 처음이네."

그러다 보니 그의 집에는 책장사가 하루도 끊이지 않았다.

"나리, 새로운 책이 있어서 들렀습니다."

"그래, 어서 오게. 어떤 책인가?"

"예, 서양에서 들어온 책인데 지구와 은하계에 관한 책입니다."

"그거 참 재밌겠구만. 그거 얼마인가?"

"헌데 이 책은 좀 귀해서…. 30냥만 주십시오."

꽤 비쌌지만 그는 주저하지 않고 책장사에게 책값을 지불했다.

그렇게 있는 대로 책을 사들인 결과, 그는 그 많은 재산을 몽땅 탕진하고 말았다.

그 소식을 듣고 한 친구가 그를 찾았다.

"자네, 책 사는데 재산을 다 썼다고 들었네. 참으로 안 됐네 그려."

"안 되긴 뭐가 안 됐단 말인가. 책만큼 값어치 있는 재산이 또 어디 있겠나?"

"허허, 그러긴 하지. 그나저나 앞으론 자네도 책을 살 때 책값을 좀 깎지 그러나."

그러자 최한기는 고개를 내저으며 말했다.

"책을 지은 사람을 만나기 위해서는 천 리라도 불구하고 찾아가야 하지만, 지금 이 책으로 나는 아무 수고도 하지 않고 가만히 앉아서 편안하게 책의 저자를 만날 수 있으니, 그 책값이 얼마나 싼 건가?"

한 권의 책 속에는 저자가 수 년 혹은 수십 년 간 연구한 내용이 고스란히 담겨져 있다. 나아가 저자의 삶이 그대로 담겨 있기 때문에 그 어떤 물건이나 제도보다도 훨씬 더 큰 가치가 있다. 그러므로 최한기의 말마따나 책처럼 싸고 쉬운 배움도 없다고 할 수 있다.

완전히 내 것으로 만들 때까지 계속해서 읽어야

다독도 중요하지만 한 권 한 권을 읽을 때마다 집중해서 읽는 것도 중요하다. 또한 한 번 읽은 책이라고 무조건 내팽개치기 보다는 읽은 책도 다시 보는 것이 좋다. 그래야만 확실히 자신의 것으로 만들 수 있기 때문이다.

조선 중기 명문장가로 이름을 날린 김득신이란 선비가 있다. 그는 많은 책을 읽은 것으로도 유명하지만 한 권의 책을 반복해서 읽는 것으로도 유명하다.

그는 글 한 편을 무려 1만 번씩 읽었다. 그렇게 1만 번씩 읽은 글이 무려 36편이나 되었다. 그 중 《사기》에 나오는 〈백이전〉은 무려 1억1만

3천 번이나 읽었다.

어느 날, 그는 말을 타고 가면서 〈백이전〉을 외웠다. 그런데 갑자기 중간쯤에서 막히고 말았다.

"어, 갑자기 왜 기억이 나지 않지?"

그러자 그 옆에서 말의 고삐를 쥐고 있던 하인이 말했다.

"주인님, 제가 그 부분을 알려드릴까요?"

"그래, 내가 기억이 나지 않는구나."

하인은 김득신을 대신해서 〈백이전〉을 줄줄이 외웠다. 김득신이 하도 많이 외우고 다녀서 옆에 있던 하인 역시 저절로 외우게 된 것이다.

잠시 후 김득신은 고개를 끄덕이며 말에서 내려와 하인을 향해 말했다.

"네가 나보다 훨씬 낫구나. 나보다 똑똑하니 네가 말 위에 타거라. 내가 고삐를 잡고 갈 테니."

책하면 세종대왕 역시 빼놓을 수 없다. 그는 어린 시절부터 책 읽기를 무척 좋아했다. 이에 《춘추》, 《좌전》 등은 서른 번 이상 읽었고, 《사서삼경》은 무려 백여 차례나 독파했다. 그 결과, 눈병이 나고 말았지만 또 다시 책을 펼쳤을 만큼 애독가였다.

책을 한 번 읽었을 때의 느낌과 두 번 읽었을 때의 느낌, 세 번 읽었을 때의 느낌은 모두 다르게 마련이다. 또한 읽을수록 내용이 머릿속에 더 잘 들어와 좀처럼 까먹지 않고 완전히 내 것으로 만들 수 있다.

혼자보다는 여럿이 하는 게 뭐든지 재미있기 마련이다. 축구공을 벽에 치며 혼자서 노는 것보다 두 팀으로 편을 갈라서 하는 게 훨씬 더 재미있다. 혼자는 심심하고 따분하다. 그러나 여럿이 함께 어울리다 보면 서로에게 배울 점도 발견할 수 있고 더 깊이 이해할 수도 있다. 그런 의미에서 독서토론회나 독서클럽에 적극적으로 참여해보는 것도 좋다. 함께 읽고, 함께 토론하고, 함께 생각을 공유한다면 독서에 대한 열정과 책 읽는 즐거움이 배가 되기 때문이다.

또한 이왕 책을 읽을 거라면 경쟁자를 정해놓고 읽는 것도 좋다. 경쟁은 자신을 자극하고, 나아가 자신을 한 단계 더 발전시킬 수 있는 계기를 마련해준다. 세종대왕 역시 집현전 학자들과 책읽기 경쟁을 했다.

어느 겨울 밤, 세종은 《사기》라는 책을 읽고 있었다. 너무나 늦은 시간까지 책을 보고 있으니 내관이 걱정이 된 나머지 조심스럽게 아뢰었다.

"전하, 밤이 너무 깊었습니다. 오늘은 이만 주무시고 내일 마저 보시지요."

"알겠느니라."

그리고는 잠시 밖으로 나와 밤바람을 쐬었다. 그런데 건너편에 보이는 집현전에 아직도 불이 켜져 있는 것이 아닌가.

"집현전에 여태 불이 켜져 있군. 지금 당장 누가 뭘 하고 있는지 알아보고 오너라."

내관은 집현전을 후다닥 다녀왔다.

"신숙주 학사가 책을 읽고 있사옵니다."

"그래, 젊은 학사가 학문에 열중하는 모습이 참 보기 좋군. 젊은 학사가 아직까지 잠을 자지 않고 공부하는데 임금인 내가 어찌 잠을 잘 수 있겠느냐."

그리고는 방으로 들어가《사기》를 다시 읽기 시작했다. 한 시간 정도의 시간이 지난 후, 세종은 다시 내관을 시켜 집현전의 불이 꺼졌는지 보고 오라고 했다.

"신숙주 학사는 아직도 자지 않고 책을 읽고 있사옵니다."

"으음, 아직도⋯."

이에 큰 소리를 내어가며 다시 책을 읽었다. 그 뒤로도 내관은 몇 차례 더 집현전을 다녀와야 했다.

어느덧 아침이 밝았다

"전하, 집현전에 있는 신숙주 학사가 드디어 잠이 들었습니다."

"확실하더냐?"

"예, 제가 확인했사옵니다."

"알았다. 그럼 나도 이제 눈을 좀 붙여야겠구나."

이렇듯 세종은 집현전 학자들과 함께 서로 경쟁하듯 학문에 열중하였다. 그 결과, 훈민정음이라는 위대한 글을 창조해낼 수 있었다.

영화 〈스타워즈〉 시리즈로 유명한 조지 루카스 감독의 집에는 어마어마한 양의 책이 있는 것으로 알려졌다.

그의 작업실은 일반 도서관 못지 않다. 책장의 높이만도 무려 12

미터에 이르며, 가운데가 계단으로 연결된 1, 2층 구조로 되어 있다. 책장은 수천 권의 책으로 가득 채워져 있고, 다양한 색으로 꾸며진 유리 돔 천장을 통해 자연스럽게 태양이 내려와 책을 읽고 싶은 마음이 저절로 든다. 마치 책으로 둘러싸인 성과도 같다.

루카스 감독은 특히 아담 스미스의 《국부론》과 임마누엘 칸트의 《순수이성비판》, 아우렐리우스의 《명상록》 등 고전을 즐겨 읽는다고 한다. 고전 속의 수많은 경험을 통해 현재와 미래를 보다 더 완벽하게 살고, 책속에서 영화적 영감을 구하기 위해서이다.

하루 종일 책에 파묻혀 사는 삶이야말로 그 어떤 삶보다도 더 아름답고 행복한 삶이 아닐 수 없다.

지금 우리는 비록 조지 루카스 감독처럼 엄청난 서재를 만들 순 없지만 옆에 놓인 책을 펼칠 수 있는 두 손을 가지고 있다. 시간이 날 때마다 틈틈이 책을 읽자. 그것만으로도 누구도 부럽지 않는 행복한 인생을 살 수 있다.

책을 읽는다는 것

우리나라 사람들의 하루 평균 독서시간은 20여 분이라고 한다. 그러나 TV 시청 시간은 하루에 3시간이 넘는다. 나아가 국민 두 사람 중 한 명은 책과 무관하게 살아가고 있다고 한다.

왜 이렇게 책을 읽지 않는 것일까? 다양한 요인이 있지만 우선 사회 분위기의 영향이 크다. 그렇다면 책과 무관한 사회는 어떤 폐해를 낳을까. 사색과 창의성은 고갈되고 감성 폭발로 인해 불건전한 신비주의 문화가 팽배할 것이다. 다사로운 인간의 정과 향기는 먼 신화 속으로 사라져갈 것이다.

그러나 한 발 앞서 미래를 준비하는 사람들은 다르다. 미국에는 천만 권 이상의 장서를 갖춘 도서관이 여러 곳 있다. 우리나라 국립중앙도서관의 장서가 오백여 만 권에 지나지 않는 것을 생각하면 그 규모가 놀라울 뿐이다. 일본 도쿄대의 도서관은 밤샘하는 학생들로 불야성을 이루고, 중국 칭화대의 강의실은 새벽부터 학생들로 만원을 이룬다. 책을 읽기 위해서이다.

프랑스 철학자 데카르트는 "좋은 책을 읽는다는 것은 과거의 가장 훌륭한 사람들과 담소하는 것과 같다"고 했다. 훌륭한 사람을 만나 지혜를 얻고 다양한 세상을 경험하며 지식을 축적하기 위해서는 책만큼 좋은 도구도 없다는 애기다. 이렇듯 우리는 책을 통해 세대를 뛰어넘어 그 시대의 유명한 석학들과도 언제라도 만날 수 있다.

독서야말로 우리의 정신세계를 한층 더 풍요롭게 만드는 자아실현의 장이며, 또한 인간만이 할 수 있는 가장 고귀한 가치 행위이자, 성공과 행복에 이르는 최고의 지름길이라고 할 수 있다.

마이크로소프트 설립자이자 컴퓨터 천재인 빌 게이츠 역시 "컴퓨터가 책을 대체할 것으로 생각하지 않는다"라고 말한바 있다. 이에 아무리 바쁘더라도 하루 한 시간, 주말에는 두세 시간씩 책을 읽었다. 1997년에는 〈게이츠 도서관 재단〉을 설립해 이천만 달러를 기부하기도 했다.

그렇다면 어떤 책을, 어떻게 읽어야 하는 것일까. 다음은 일본의 대표적 지식인 다치바나 다카시가 그의 저서 《나는 이런 책을 읽어왔다》에서 주장한 '실전에 필요한 14가지 독서법'에 관한 글이다.

- 책을 사는 데 돈을 아끼지 마라.

- 같은 테마의 책을 여러 권 찾아서 읽어라.

- 책 선택에 대한 실패를 두려워하지 마라.

- 자신의 수준에 맞지 않는 책은 무리해서 읽지 마라.

- 읽다가 그만둔 책이라도 일단 끝까지 넘겨보라.

- 속독법을 몸에 익혀라.

- 책을 읽는 도중 메모하지 마라.

- 가이드북에 현혹되지 마라.

- 주석을 빠뜨리지 말고 읽어라.

- 책을 읽을 때는 끊임없이 의심하라.

- 새로운 정보는 꼼꼼히 체크하라.

- 의문이 생기면 원본 자료로 확인하라.

- 난해한 번역서는 오역을 의심하라.

- 대학에서 얻은 지식은 그리 대단한 것이 아니다.

다치바나 다카시는 자신의 독서론에 대해서 이렇게 얘기한 바 있다.

"책에 쓰여 있다고 해서 무엇이건 다 믿지 마라. 자신이 직접 손에 들고 확인할 때까지 다른 사람들의 말을 절대 믿지 마라."

그럼에도 불구하고, 그는 한 가지 분명한 메시지를 던진다. 어찌됐거나 책은 읽어야 한다는 것이다.

고독 없이는 아무것도 달성할 수 없다.
그래서 나는 나를 위해서 하나의 고독을 만들었다.

– 피카소

나만을 위한
특별한 시간을 만들어라

　나는 서른까지 고향 전주에서 부모님과 함께 살았다. 그런데 직장 때문에 고향을 떠나야 했다.

　직장생활을 하면서 업무 때문에, 사람 때문에 수많은 시달림을 겪었지만 그래도 고향과 부모님을 떠나온 외로움에 비할 바는 아니었다. 서울 하늘 아래 아무도 없고 나 혼자라는 생각은 송곳으로 명치를 찌르는 듯했다. 그 외로움을 달래기 위해 술도 마시고 여기저기 돌아다니며 방황도 많이 했지만 쉽게 마음을 잡을 순 없었다. 그때 당시 나의 유일한 친구는 글이었다. 글은 나의 눈물을 닦아주었고, 흔들거리는 나를 꽉 붙들어주었다.

　한참 서울에 적응하지 못하고 고향을 그리워하며 눈물짓던 시절에 쓴 글이 하나 있다.

막차를 타고 돌아오는 길,

오늘따라 유난히 매번 지나던 길이 새삼 낯설게 느껴집니다.

새끼손가락만큼 열린 차창 사이로 밀려들어오는 바깥세상.

하나 둘 가게의 불빛은 점점 희미해지고 달님조차 구름 뒤에 숨어

순식간에 사람들의 가슴속에 어둠이 드리웁니다.

낮 동안 함께 웃음을 주고받던 거리의 수많은 사람들

일회용 커피를 마시며 삶의 무게를 내려놓았던 동료들

출근길에 어깨를 부딪치며

아직도 졸린 나의 하루를 서둘러 깨웠던 익명의 사람들

그 많던 사람들은 지금 어디로 다들 사라졌는지

어느 곳으로 숨고 말았는지

가을 거리에는 쓸쓸한 발자국 몇 개만 비뚤비뚤 남아 있습니다.

나는 지금 집으로 가고 있습니다.

아니, 잠시 자그마한 섬에 홀로 여행을 떠나고 있는지도 모릅니다.

소금 냄새에 이끌려 덜컹거리는 버스를 타고 아무도 없는 섬,

그 불 꺼진 섬에 가는 중입니다.

갈매기의 발목에는 꽃편지가 묶여있고, 물 위에는 누군가가 던져

놓은

그리움의 파문이 아직도 흔들거리는.

이 계절에는 혼자라는 사실이 참 불편합니다.

울고 싶을 때 기댈 가슴 하나 없고

기쁠 때 서로 미소를 건넬 얼굴 하나 없기 때문입니다.

한때는 사람이 싫어서, 사람이 지겨워서,

그 둘레를 벗어나고자 몸부림을 친 적도 있었지만

막상 그 틀을 벗어나면 다시 사람이 그리워지는 건

왜일까요.

그렇습니다.

사람이 사람을 그리워해야 정말 사람인 것이지요.

그러기에 나만의 섬, 나만의 바다,

나만의 갈매기는 더 이상 의미가 없습니다.

사람들 안에 내가 있고, 그대가 없으면 나도 없기에.

사람이 그립습니다.

비가 오려고 폼 잡는 이런 날에는

정말이지 사람냄새가 그립습니다.

혼자만의 시간 속에서 발전된 나를 만나라

'아픈 만큼 성숙한다'는 말처럼 때론 고독도 약이 된다. 내게 있어 소주잔을 기울이며 외로움을 달랬던 그 고독한 시간이 없었다면 어쩌면 내 이름 앞에 작가라는 타이틀을 붙일 수 없었을 지도 모른다.

다행이 그 고독한 시간이 찾아왔기에, 나는 글을 택했고, 그 글을 통해 위안을 찾고, 행복을 찾고, 더 나아가 진짜 인생을 만날 수 있었다.

멋진 인생을 살기 위해선 타인과의 어울림 역시 중요하다. 그러나 자칫 너무나 바쁜 일상을 보내다보면 나 자신이 누구인지조차 잃어버릴 수 있다. 하지만 나 자신을 잃어버린 후 타인을 안다고 한들, 세상의 중심에 선다고 한들 무슨 소용이 있겠는가.

타인과의 관계도 중요하고 세상과 즐거운 시간을 보내는 것도 중요하지만 그런 시간만큼 내 자신에게도 특별한 시간을 할애해야 한다. 타인과 보내는 시간과 나 자신과 보내는 시간을 적절히 균형감 있게 유지해야만 내 영혼을 성숙시킬 수 있고, 나아가 자신을 발전시킬 수 있다. 나 자신과 시간을 보내는 방법은 많다. 남이 보면 이상해 보일 수도 있지만 거울 앞에서 거울 속 나 자신과 이런저런 얘기를 주고받을 수도 있고, 공기 좋은 숲길을 홀로 걸을 수도 있다. 그것도 아니면 자신만 알고 있는 멋진 장소를 찾아간다든지, 일기를 쓸 수도 있다. 이와 같은 여러 가지 방법 중에서 자신에게 가장 맞는 방법을 찾아 자신을 점검하고 자신을 위로하는 시간을 갖자. 지금 우리에겐 그 시간이 필요하다.

왜 나 자신이 아닌 타인의 삶을 살려고 하는가

세상은 참으로 빠르게 돌아간다. 신제품이라고 선보인 제품이 며칠만 지나면 고물 취급을 받는 세상이다. 그만큼 기술의 속도는 시간의 속도에 비해 훨씬 앞서간다. 때문에 사람들은 새로운 기술을 남보다 더 빨리 발견하고 만들기 위해 더 바빠졌다.

하루의 일상을 예로 들어 보자. 생각만 해도 참으로 정신없이 돌아간다. 잠에서 깨자마자 식사도 거른 채 허둥지둥 회사나 학교를 향해 뛰어간다. 그리고 이리저리 시달리며 하루를 보낸다. 퇴근시간이 되면 모임에 참석하거나 아니면 친구를 만난다. 그리고 밤이 늦어서야 피곤한 몸을 이끌고 집으로 돌아온다. 내일이라고 다르지 않다. 다람쥐 쳇바퀴 돌듯 내일 역시 오늘과 똑같은 하루가 반복되곤 한다. 아마 대부분의 사람들이 이런 삶을 살고 있을 것이다. 이것이 바로 우리의 현실이다.

이런 상황이 지속된다면 그 끝은 뻔하다. 하루의 피로가 점점 쌓여 인생 자체가 무너지듯 지쳐갈 것이다. 그러다 보면 자신도 모르게 쉽게 화를 내게 되고 세상에 대한 불평불만이 점점 쌓인 나머지 사람에 대한 지겨움과 역겨움으로 인해 사람을 피하게 되고, 결국 자신마저 미워하고 자아까지 상실하는 지경에 이르게 된다.

하지만 이런 결론을 바라는 사람은 아무도 없을 것이다. 그렇다면 나를 찾아야 한다.

앞서 말한 바와 같이 하루에 단 10분이라도 좋으니 자신에게 충실하고, 자신을 위해 시간을 투자해야 한다. 그렇다고 해서 술을 마시거나 게임에 빠져 유흥으로 스트레스를 풀라는 얘기는 아니다. 그런 것들은 일시적인 만족감만 채울 뿐, 자기 발전에 아무런 도움이 되지 않는다.

이왕 혼자만의 시간을 확보했다면 미래를 위해 건전한 쪽에 투자

하는 것이 좋다. 그리고 점점 더 그 시간을 늘려가야 한다. 공부든, 유학이든, 취미든, 반드시 주기적이고, 지속적으로 해야만 오늘과 다른 나를 만날 수 있기 때문이다. 그러자면 진짜 제대로 된 자신의 인생을 살아야 한다.

왜 나 자신이 아닌 누군가를 위해, 누군가에 의해 타성적인 삶을 살려고 하는가. 그건 내가 아닌 껍데기에 불과하다.

진정한 휴식은 자기 자신을 돌아보는 시간 갖는 것

세계적인 스포츠에이전시 IMG의 마크 매코믹 회장은 자기 혼자만의 시간을 갖는 것이 얼마나 중요한지에 대해 이렇게 말한 바 있다.

한 기자가 그에게 물었다.

"당신에게 있어 가장 중요한 시간은 언제입니까?"

그러자 그는 다음과 같은 예를 들어가며 말했다.

"내게는 두 가지 중에 한 가지를 선택할 권리가 있습니다. 하나는 미국 대통령과의 오찬을 할 수 있는 시간을 갖는 것이고, 또 하나는 매주 정해진 시간에 내가 좋아하는 테니스를 치는 시간을 갖는 것입니다. 둘 중 어느 쪽을 선택할 건지 누군가가 묻는다면, 나는 주저 없이 후자를 선택하겠습니다. 물론 그런 상황이 된 적은 없지만 그 정도로 내 자신을 위한 시간이 중요하다는 것입니다."

그렇다. 지금보다 더 나은 삶을 원한다면 자신을 위해 더 많은 시간을 투자해야 한다. 특히 많은 시간 일과 사람을 다루어야 하는 사람일수록 혼자만의 시간을 더 많이 가질 필요가 있다. 그래야만 스트레스를 받지 않고 항상 최고의 컨디션을 유지할 수 있기 때문이다.

마이크로소프트(MS) 창립자인 빌 게이츠는 일 년에 두 번 '생각주간(Think Week)'을 만들었다고 한다. 그 때가 되면 그는 누구에게도 방해받지 않고 완벽하게 혼자만의 시간을 보낸다. 그에게 있어 그 시간은 지난 날의 실수와 과오를 반성하고, 미래를 어떻게 새롭게 열 것인가에 대해 진지하게 고민하고 성찰하는 시간이자 오롯이 자신만을 위한 재충전의 시간이라고 한다. 그와 같은 시간을 가졌기에 그의 생각은 지치지 않고 항상 생동감 넘칠 수 있었다.

발전된 삶을 살기 위해선 발전된 시간을 가져야 한다

예술가에게도 혼자만의 시간은 매우 중요하다. 고독과 외로움이 작품에 대한 내면의 열정을 끌어낼 수도 있기 때문이다.

반 고흐는 젊은 시절 한 아여자로부터 실연을 당했다. 이에 그는 깊은 고독감에 빠졌다. 그리고 숱한 일들을 통해 빈털터리가 되었고, 마침내 모든 사람들과 접촉을 끊고 철저히 섬이 되고 말았다. 그때부터 그는 본격적으로 그림을 그리기 시작했다. 그림을 그리는 것만이 유일한 삶의 희망이었기 때문이다. 나아가 그것만이 자신이 살아 있음을 느끼게 하는 장치였다.

생각건대, 그에게 그런 고독한 시간이 없었다면 그는 그저 불우한 인생을 살다간 수많은 사람들 중 하나에 지나지 않았을 것이다. 그런 점에서 그를 키운 것은 고독과 외로움이었다고 할 수 있다. 그것이 그로 하여금 작품에 대한 열정을 일깨웠고, 세계적인 화가로 만들었기 때문이다.

가수 이승환이 한 인터뷰에서 다음과 같은 질문을 받은 적이 있다고 한다.

"이승환 씨, 가수에게 있어 고독과 불행은 뭐라고 생각하세요?"

꽤나 어렵고 철학적인 질문이었다. 그러나 이승환은 평소 그런 생각을 자주 해왔다는 듯 조금도 주저하지 않고 이렇게 말했다.

"외로움과 불행은 가수의 미덕인 것 같아요. 사람들이 제게 바라는 것은 '슬픈 발라드'예요. 생각해보세요. 제게 외로움과 슬픔, 고민이 없다면 제 노래에 그런 슬픔과 외로움이 녹아들 수 있을까요? 노래는 그것을 부르는 사람의 삶의 투영입니다. 따라서 슬픈 발라드를 불러야 한다면 어느 정도 고독과 불행이 삶에 필요하다고 생각합니다."

한 개인의 경험은 그 사람의 삶에 고스란히 투영된다. 나 역시 감성적인 글을 쓰던 시절엔 일부러 마음을 한없이 슬프고 우울하게 만들곤 했다. 방 안에 앉아 불을 꺼놓고 슬픈 음악을 듣는다든지 아니면 가슴을 아프게 했던 일들을 떠올리며 눈물을 짜낸 경우도 있다. 그런 감정을 가지고 글을 쓰게 되면 훨씬 더 감성적이고 깊이 있는 글이 써지곤 했다.

발전된 삶을 살기 위해선 발전의 시간을 가져야 한다. 발전의 시간이라는 건 곧 혼자서 감당하고 극복해야 할 고통의 시간이기도 하다. 그 시간을 잘 활용하고 극복하는 사람만이 훗날 자신의 이름 앞에 성공이라는 단어를 붙일 수 있다.

가끔은 세상에 나 혼자인 듯 한 철저한 고독, 그 누구의 도움도 받을 수 없는 고립무원의 상태, 그 누구도 내 얘기를 들어주지 않는 혼자만의 아주 사적인 시간을 만들자. 그래야만 더 단단해질 수 있고, 더 깊어질 수 있으며, 더 성숙해질 수 있다.

당신에게 있어
가장 중요한 시간은 언제인가

앞서 말했다시피, 빌 게이츠는 '생각주간(Think Week)'이란 독특한 휴가를 보내는 것으로 유명하다.

그는 일 년에 두 번씩 호숫가 근처의 작은 별장에서 일주일간 은둔하면서 혼자 휴식을 취한다. 이 기간에는 어느 누구와 전화 통화도 하지 않을 만큼 철저히 혼자 지내며 자기 자신에 대한 생각만 한다고 한다. 지난 2008년의 은퇴 선언을 포함해 마이크로소프트의 중요한 의사결정은 대부분 생각주간을 통해 내려졌다.

이렇듯 진정한 휴식이란 몸과 마음을 재충전하는 것뿐만 아니라 정신없이 돌아가는 일상에서 벗어나 자신이 가야 할 방향을 재조정하는 시간을 갖는 것이다. 이를 통해 지친 자신을 위로하고 내면의 소리에 귀 기울이며, 앞으로의 일을 대비하는 것이다.

홀로 있는 시간은
쓸쓸하지만 아름다운
호수가 된다.

바쁘다고 밀쳐두었던 나 속의 나를
조용히 들여다볼 수 있으므로

여럿 속에 있을 땐
미처 되새기지 못했던
삶의 깊이와 무게를
고독 속에 헤아려볼 수 있으므로.

내가 해야 할 일
안 해야 할 일 분별하며
내밀한 양심의 소리에
더 깊이 귀 기울일 수 있으므로.

그래,
혼자 있는 시간이야말로
내가 나를 돌보는 시간

– 이해인 수녀 〈고독을 위한 의자〉 중에서

당신이 더 나이가 들면
손이 두 개라는 사실을 알게 될 것이다.
한 손은 당신 자신을 돕는 손이고,
다른 한 손은 다른 사람을 돕는 손이다.
– 오드리 햅번

빨리 가려면 혼자 가고,
멀리 가려면 함께 가라

'줄탁동기(啐啄同機)'라는 말이 있다. 알 속의 아기 병아리가 세상에 나오기 위해 알의 벽을 '톡톡' 두드리면 어미 새 역시 이에 화답해 같이 '탁탁' 두드려야 아기 병아리가 쉽게 알을 깨고 세상에 나올 수 있다는 뜻이다.

그렇다. 혼자보다는 둘의 힘, 나아가 여러 사람이 모여서 하모니를 이룰 때 더 큰 힘을 발휘할 수 있다.

2002년 한국 축구를 세계 4강 반열에 올려놓은 거스 히딩크 감독은 선수 개개인의 능력보다 팀워크를 훨씬 더 중요시한 것으로 유명하다.

월드컵이 열리기 전 한 친선경기에서 있었던 일이다.

"어어, 저러면 안 되는데. 도대체 뭐하는 거야!"

경기를 지켜보던 히딩크는 버럭 화를 내며 자리를 박차고 일어났다. 그러고도 화가 채 가시지 않는지 코치를 향해 큰소리로 말했다.

"박 코치, 지금 저 선수 뭐하는 겁니까? 이건 아니라고 내가 몇 번이나 말했잖소!"

그가 화를 낸 이유는 골키퍼가 경기 중 돌출행동을 했기 때문이었다. 그도 그럴 것이 골키퍼가 직접 공을 몰고 하프라인까지 나왔다가 상대편 선수에게 공을 뺏기는 바람에 실점을 당할 뻔 했다.

경기가 끝난 후 한 기자가 히딩크를 향해 다가왔다.

"감독님, 좀 전에 왜 그렇게 화를 내셨습니까?"

그러자 히딩크는 강한 어조로 말했다.

"한 사람의 돌출행동으로 인해 자칫 다른 나라에서 우리 팀을 볼 때 준비가 안 된 팀으로 볼까봐 화가 났던 것입니다. 저는 튀는 선수를 원하지 않습니다. 물론 축구에서 개개인의 능력도 중요합니다. 하지만 그보다 더 중요한 것이 바로 팀워크입니다. 탄탄한 팀워크만 있다면 어떤 나라도 두렵지 않으니까요."

이 세상에 혼자 이룰 수 있는 건 거의 없다. 이는 조직에 있어서도 마찬가지이다. 따라서 개인의 실력도 중요하지만 동료나 상사와 반목하지 않고 그들과 함께 힘을 합하면 더 큰 성과를 얻을 수 있다는 사실을 결코 잊지 말아야 한다.

혼자보다는 함께 가야 한다

온라인 취업사이트 〈사람인〉이 직장인 711명을 대상으로 '사회에서 성공하기 위해서 가장 필요한 지수는 무엇이라고 생각하십니까?'라는 설문조사를 실시한 적이 있다. 그 결과, '인맥·공존능력 지수(NQ)'라는 응답이 32.9%로 가장 많았다. 또 사회성 지수(SQ)가 높아야 한다는 응답은 27.4%로 2위에 올랐으며, '열정지수(PQ)' 15.5%, '창조성 지수(CQ)' 9.3% 등이 뒤를 이었다.

이처럼 사회생활을 하는 데 있어 사람과의 관계, 즉 NQ(공존지수)는 매우 중요하다. 어쩌면 사회생활의 성패를 좌우한다고도 해도 과언이 아니다. 하지만 사회생활에서만 그런 것이 아니다. 가족 간에도, 친구 사이에서도 마찬가지이다. 자기보다는 타인 위주 그리고 타인과의 조화가 성공적인 인생으을 이끄는 밑거름이 된다.

공존지수의 출발점은 바로 타인과의 '조화'에 있다. 오케스트라가 아름다운 선율을 내기 위해선 각자가 맡은 악기에 충실해야 할 뿐만 아니라 다른 악기들과 조화를 이루는 것이 무엇보다 중요하다. 남보다 앞서 나가서도 뒤쳐져도 안 된다. 같은 속도, 같은 마음, 같은 느낌으로 연주를 해야만 최상의 오케스트라가 될 수 있다.

이준익 감독의 〈왕의 남자〉라는 영화를 기억할 것이다. 감우성, 정진영, 이준기 등이 출연한 영화로, 출연진 대부분이 눈에 띄는 메가톤급 톱스타는 아니었다. 배우들을 평가절하 하려는 게 아니다. 누가 뭐라고 해도 그 해 최고의 배우들은 그들이었기 때문이다.

그들은 그 해 천만 명이라는 놀라운 수치의 관객을 동원했을 뿐만 아니라 영화제의 상이란 상은 모조리 휩쓸었다. 탄탄한 시나리오도 일조했지만 배우 상호 간의 절묘한 조화가 큰 몫을 했다는 것이 사람들의 공통된 의견이었다.

배우들은 누구 하나 튀려고 하지 않았다. 그런 점에서 만약 톱스타가 이 영화에 출연했다면 그와 같은 인기를 끌지 못했을지도 모른다는 얘기들도 더러 있었다. 관객의 시선이 톱스타에 몰리다보면 조연들의 연기가 퇴색되고, 톱스타 스스로도 부담감이 만만치 않아 자칫 연기의 균형감을 놓칠 수 있기 때문이다.

조화를 이룬다는 것은 말처럼 쉬운 일이 아니다. 신의 욕망과 욕심을 자제할 수 있는 절제된 마음을 갖춰야 하기 때문이다. 아울러 상대방의 재능이나 능력을 인정해줄 수 있는 넓은 아량 역시 갖춰야 한다. 내가 잘났다고 앞서려고 한다든지 남을 무시하면 절대로 조화를 이룰 수 없다.

미국 코넬대학의 존슨경영대학원은 리더들에게 가장 중요하게 요구되는 덕목 중 하나로 '타인에 대한 공감능력'을 꼽았다. 과거에는 지적이면서 강한 카리스마를 가진 사람을 리더로서의 자질이 있는 사람으로 평가했다면 최근에는 타인의 감정을 이해하고 배려하는 공감능력을 가진 리더가 각광받고 있다. 타인과 더불어 사는 능력이야 말로 상대방에게 감동과 긍정적인 영향을 주는 대인관계에 있어서 가장 중요한 성공 키워드라고 할 수 있기 때문이다.

인간은 섬이 아니다. 그러니 결코 혼자서는 존재할 수 없다. 여러 사람들과 조화를 이루며 살아야 한다. 이것이야말로 우리가 절대 간과해서는 안 될 성공의 가장 중요한 요소 중 하나이다.

미국의 시사주간지 〈타임지〉가 올해의 인물로 '당신(you)'을 선정한 적이 있다. 오늘의 역사를 이끌어가는 주인공은 더 이상 소수의 파워 엘리트가 아닌 타인과 공감하고 자신이 가진 것을 함께 나누고 세상을 변화시키려는 아름다운 힘을 가진 개인임을 주목했기 때문이다.

가장 옷을 잘 입는 사람은 조화롭게 입는 사람이다

공자는 《논어》에서 이렇게 말한 바 있다.

公子, 君子 和而不同 小人 同而不和

군자는 남과 조화를 이루되 자신의 주장이나 의견을 확실히 표현한다. 그러나 군자와 달리 소인은 남의 의견에 동조하는 듯 고개를 끄덕이지만 돌아서서 상대를 비판한다.

군자처럼 넉넉한 품성을 지녀야 한다. 그래야만 사람들이 주위에 모이고 나 역시 다른 사람들을 향해 스스럼없이 다가갈 수 있다.

세계적인 패션디자이너 조르지오 아르마니는 의상을 빗대어 이렇게 말한 바 있다.

"재킷에 어울리는 셔츠, 셔츠에 어울리는 타이, 슈트와 어울리는 구두, 구두와 맞는 양말, 이처럼 어느 하나 튀지 않지만 서로에게 잘 어울리는 조화로운 옷이 가장 멋진 사람을 만듭니다."

하지만 패션에만 조화가 필요한 것이 아니다. 우리가 살아가는 이 사회에도, 우리가 살아가야 할 인생에도 조화가 필요하다.

살면서 우리는 참으로 많은 회의를 한다. 어찌 보면 모든 일이 회의에서 시작해 회의로 끝난다고 해도 과언이 아니다.

회의석상에도 분명 조화가 필요하다. 자신의 의견만 목에 핏대를 세워가며 주장할 게 아니라 때론 남의 의견도 존중하고 경청할 줄 알아야 하는 것이다. 내 의견만 옳다고 믿는 것은 자칫 독단과 독선에 빠질 우려가 있다. 때문에 타인의 의견과 맞서 논쟁이 되거나 싸움이 일어나면 일단 한 걸음 물러설지도 알아야 한다. 마음의 창문이 닫혀있는 상태에선 아무리 주입시키려 강요해도 소용이 없기 때문이다.

조화의 기본은 나를 낮추는 것이다. 낮추는 순간, 서로에 대한 오해의 벽과 갈등의 담장은 자연스럽게 사라진다. 어항이 작으면 들어설 물고기가 없다. 마음의 어항을 넓혀야 한다.

성공한 사람들은 몸보다는 마음을 더 잘 쓰는 사람들이다

조화를 이루기 위해선 일단 사람들과 잘 어울려야 한다. 나아가 잘 어울리기 위해선 서로 공감할 수 있는 부분을 찾아내는 것이 중요하다.

공감(共感)이란 무엇인가? 남의 감정, 의견, 주장 따위에 대해 자신도 그렇다고 느끼는 것, 또는 그렇게 느끼는 기분을 말한다. 즉, 공감을 나눈다는 것은 내 마음에 맞장구를 쳐주고 서로의 마음과 마음이 하나가 된다는 것이다. 따라서 공감을 나누는 것이야말로 조화를 이루기 위한 최고의 지혜라고 할 수 있다.

　방송인 김제동은 간혹 대학에서 강의를 하기도 한다. 한번은 어떤 사람이 그에게 강의를 잘하는 비법에 대해 물어본 적이 있다. 이에 그는 이렇게 답했다고 한다.

　"비법이요? 물론 비법이 있죠. 그건 바로 공감하는 이야깃거리를 만들어내는 것입니다. 아무리 달변가라고 해도 듣는 사람이 흥미가 없거나 공감 가는 얘기를 하지 않는다면 그것은 공허한 울림이 될 뿐입니다."

　그는 세상 사람들과의 공통된 이야깃거리를 찾기 위해 매일 다섯 종류의 신문을 보고, 신문이나 책, 혹은 인터넷에서 좋은 글귀를 찾으면 수첩에 적어놓고, 소형 녹음기에 그때그때 떠오르는 생각을 녹음시켜 놓기까지 한다고 한다.

　어느 대학의 축제에서 있었던 일이다. 그가 사회자로 나섰는데 총학생회장이 삭발을 한 채 무대에 올라왔다. 그는 총학생회장이 왜 삭발했는지에 대해 이미 어느 정도 알고 있는 상태였다. 그는 총학생회장을 보며 이렇게 말했다.

　"대자보를 보니까 등록금 때문에 그런 모양인데 잘될 겁니다. 두상이 참 예쁘네요."

　이처럼 그는 자기와 함께 하는 사람들과 어떻게든 공감을 나누기 위해 최선의 노력을 한다. 때문에 그와 함께 한 사람들은 모두 그의 말에 귀를 기울이며 "그래, 저게 내 마음이야. 어쩌면 내 마음이랑 똑같지"라며 고개를 끄덕인다고 한다.

남들과 조화를 이뤄내고 공감을 끌어내는데 있어 '유머'만큼 효과적인 것은 없다.

미국 사우스웨스트항공 전 회장인 허브 켈러허는 '유머경영'으로 유명하다. 그는 직원들과 함께 한 마음 한 뜻으로 일하고 싶었다. 그러나 그가 다가가면 다가갈수록 직원들은 부담스러워했다. 이에 그는 많이 속상했고, 심지어 자신을 슬슬 피하는 직원들이 밉기까지 했다. 하지만 지난 날, 자기 자신을 생각해보니 직원들의 심정을 이해할 수 있었다. 자신도 신입사원 시절 아주 높은 직급의 상사와 대면을 하면 괜히 주눅이 들고 피하고 싶은 부담감을 느꼈기 때문이다. 순간, 그는 깨달았다. 직급이 차이가 많이 나기 때문에, 나이 차이가 많이 나기 때문에 어쩔 수 없이 느껴지는 거리감이 있다는 사실을.

그는 그런 거리감을 없애기로 마음먹었다. 직원들과 하나가 되고 공감을 나눠 조화를 이뤄야만 회사가 발전하고 고객들에게 최고의 서비스를 제공할 수 있다고 생각했기 때문이다. 그 믿음이 일단 그를 변하게 만들었다.

직원들과 오찬 회의가 있던 날, 그는 점잖은 오찬석상에 엘비스 프레슬리 복장으로 나타났다. 직원들은 회장의 독특한 출연에 깜짝 놀랐다. 그리고 곧이어 너나 할 것 없이 웃음을 터트렸다. 그 뿐이 아니었다. 토끼 분장을 하고 회사 정문 앞에서 출근하는 직원들을 맞이하기도 했다. 그 날 직원들은 아침부터 박장대소했다.

그런 노력 끝에 그는 직원들과 하나가 될 수 있었다. 또한 공감과 조화라는 값진 가치도 얻을 수 있었다.

사람과 사람 사이에 공감을 찾아낸다는 것, 또한 그 공감을 계속 이어간다는 건 결코 쉬운 일이 아니다. 일단 공통된 주제를 발견해야 하고 서로에게 상처주지 않고 마음을 이해할 수 있는 대화의 기술과 끝까지 함께 가고자 하는 마음가짐이 필요하기 때문이다.

인간관계에 있어 누군가와 많은 공감을 나누고 있다면 그건 분명 행복한 사람일 것이다. 나아가 그는 발전 가능성이 다분한 사람이다. 혼자는 외롭고, 둘은 즐거우며, 셋이면 더더욱 즐겁다.

조금 손해를 보더라도 수많은 사람들 가운데 한 명으로 살아가는 법을 배워야 한다. 그것이 삶이 우리에게 가르쳐준 인간관계에 관한 최고의 노하우 중 하나이다. 혼자보다는 함께 가야 한다.

자신을 정복하는
'최고의 승리자'가 되라

"자신을 완벽하게 통제할 수 있다면 다른 모든 것은 손쉽게 통제할 수 있다. 따라서 자신에 대한 승리야말로 가장 완벽한 승리라고 할 수 있다."

이는 독일의 성직자 토머스 아켐피스의 말로, 그만큼 자기 통제가 어렵고 중요하다는 것을 강조하고 있다.

모든 것은 마음으로부터 비롯된다. 행복도, 불행도, 사랑도, 미움도…. 때문에 자기 자신을 통제하기 위해선 우선 다른 사람의 마음을 이해할 줄 알아야 한다. 마음이 차가운 사람은 다른 사람의 마음을 결코 이해할 수 없기 때문이다. 그런 점에서 인생에서 승리한 사람들은 몸보다는 마음을 잘 쓰는 사람들이었다.

마음을 잘 쓰면 복을 받고, 마음을 잘못 쓰면 화가 미친다. 때문에 마음을 경영하는 것이야 말로 자기 자신을 가장 잘 통제하고 경영하는 것이라고 할 수 있다.

자신을 정복할 수 있는 사람만큼 지혜로운 사람은 없다. 성공한 사람들은 세상을 정복하기 전에 항상 자기 자신을 먼저 정복했다.

"우리가 어리석을 때는 세상을 정복하기를 원한다. 그러나 우리가 지혜로울 때는 자신을 정복하기를 원한다."

존 맥스웰의 말이다. 세계 최초로 에베레스트를 정복했던 에드먼드 힐러리경 역시 이와 비슷한 말을 남겼다.

'초모룽마', '사가르마타'. 세계의 지붕 에베레스트의 또 다른 명칭이다. 전자는 티베트 이름으로는 '세계의 여신', 후자는 '하늘의 우두머리'란 뜻의 네팔어이다. 하지만 험하고 위험한 탓에 누구도 쉽게 정복하지 못했다. 그러다가 1953년 5월 28일, 이 전인미답의 세계 최고봉은 마침내 인간에게 정상을 내주고 말았다. 뉴질랜드 출신의 영국 산악인 에드먼드 힐러리와 세르파 텐징 노르가이가 그 주인공으로, 그들은 그 날 오전 11시 30분 8,848m의 에베레스트 정상에 우뚝 섰다. 지구의 모든 것이 그들의 눈 아래 펼쳐졌다. 영국은 환호했다. 엘리자베스 여왕의 대관식을 사흘 앞두고 전해진 낭보였기 때문이었다. 그도 그럴 것이 피어리(미국)와 아문젠(노르웨이)이 북극과 남극을 세계 최초로 정복, 대영제국으로서의 자존심이 크게 구겨져 있던 상태였다.

에레베스트 정복 후 힐러리는 다음과 같은 말을 남겼다.

"내가 정복한 것은 산이 아니라 나 자신이었다."

사실 그는 이미 몇 차례 에레베스트 등반에 실패한 적이 있었다. 하지만 그렇다고 해서 전혀 기죽거나 의기소침하지 않았다. 오히려 더 각오를 다지고, 자기 자신의 믿음에 대한 확신을 가졌다.

첫 도전 실패 후 그는 한 모임에 강연 요청받은 적이 있다. 연단 앞으로 걸어 나온 그는 주먹을 들어 벽에 걸린 에베레스트 사진을 향해 큰소리로 외쳤다.

"에베레스트여, 처음엔 네가 날 이겼다. 하지만 다음 번에는 반드시 내가 널 이기고 말겠다. 너는 이미 성장을 멈췄지만, 난 계속해서 성장하고 있기 때문이다."

이처럼 그는 에베레스트를 정복하기 전에 자기 자신을 먼저 정복했다. 혹시 실패한 후 절망에 빠질지도 모를 자기 자신과 난관 앞에서 포기하고 싶을지도 모를 나약한 자신을 먼저 정복한 것이다.

자신을 정복한다는 것은 자기 자신을 잘 다스린다는 것이기도 하다. 자신을 잘 다스리기 위해서는 무엇보다도 자기 자신을 잘 알아야 한다. 그러니 자신을 정복하는 게 그리 쉬운 일도, 누구나 할 수 있는 일도 아니다. 그래서 우리는 자신을 정복한 사람들을 가리켜 '최고의 승리자'라고 부르는 것인지도 모른다. 그만큼 그것이 어렵다는 것이다.

잡힐 듯 잡히지 않는 목표를 우리는 꿈이라고 부른다. 누구나 쉽게 이룰 수 있다면 그건 더이상 꿈이 아니다. 그리고 꿈을 향한 도전은 우리를 성장하게 만든다.

자신과의 싸움에서 지고, 다른 사람을 이긴 사람은 결코 없다. 그런 의미에서 우리 자신의 최대 경쟁자는 경쟁업체나 입사동기도 아닌, 바로 어제의 나 자신이다.

느리지만 매일 한 걸음씩 성장하는 사람, 자기 자신과의 싸움을 묵묵히 감당해 나가며 자신만의 강점을 찾아 발전시키는 사람이 결국 결승선의 테이프를 끊게 되어 있다.

삶은 속도가 아니라 방향이다 `Part 2. 변화의 시작`

초판 1쇄 인쇄 2014년 6월 24일
초판 1쇄 발행 2014년 7월 3일

지은이 김현태
발행인 임채성
디자인 이자르(Izar)

펴낸곳 도서출판 루이앤휴잇
주 소 서울시 마포구 동교동 165-8 LG팰리스빌딩 921호
전 화 070-4121-6304 **팩 스** 02)332-6306
메 일 pacemaker386@gmail.com
출판등록 2011년 8월 30일(신고번호 제313-2011-244호)

ISBN 978-89-967190-4-5   14320
세 트 978-89-967190-5-2   14320

저작권자 ⓒ 2014 김현태
COPYRIGHT ⓒ 2014 by Hyun Tae Kim

이 도서의 국립중앙도서관 출판시도서목록(CIP)은 서지정보유통지원시스템 홈페이지(http://seoji.nl.go.kr)와
국가자료공동목록시스템(http://www.nl.go.kr/kolisnet)에서 이용하실 수 있습니다. (CIP제어번호: CIP2014017416)